La Vida en 5 minutos

Es Tiempo de Inspirarte

La Vida en 5 minutos

Es Tiempo de Inspirarte

Reflexiones
para encontrar
paz interior

JULIO BEVIONE

Primeras palabras

Desde el origen de nuestros tiempos, los seres humanos hemos mirado hacia afuera. Sabemos bastante del mundo que nos rodea, de minerales, del clima y de las matemáticas; de grandes personajes de la historia, buenos y malos. Sabemos de todo un poco, pero poco, muy poco sabemos de nosotros mismos. De nuestra personalidad, de nuestro propósito en el mundo y de nuestra esencia, de quien realmente somos.

Mi invitación es, a través de estas páginas, a dedicarnos cinco minutos para volver a nosotros, detenernos, repensar la vida de otra manera y conectarnos con lo que sucede en el plano invisible de las emociones y las sensaciones. De bajar, poco a poco, de la mente al corazón.

Este, más que un libro de lectura, es un libro de reflexión. Lo puedes tomar cada día para encontrar una mejor manera de vivir las experiencias que ese día nos ofrece.

Cada día, poder encontrar 5 minutos para estar con nosotros mismos.

Julio Bevione

Prólogo

Muchos maestros, muchos libros, muchos seminarios. Pero el mayor aprendizaje, el que impactará nuestra vida para modificar desde la forma de pensar hasta la manera en que actuamos, sólo puede ocurrir en la experiencia. Sí, mi mejor lección es aquella que nació de un "darme cuenta", en el mismo momento en que estaba viviéndola.

Esta es la labor de quienes hemos tomado el compromiso de guiar a otros. Primero, darnos cuenta nosotros. Tener nuestras propias experiencias, nuestros errores y modificaciones y luego ofrecer a los demás la información necesaria y la confianza de saber que pueden lograrlo. Confiar en ellos. ¡Y a experimentar!

Siento que hemos intelectualizado demasiado el camino espiritual. Lo hemos llenado de nombres, de técnicas, de filosofías, de niveles, de estudios, de viajes y de gurús. Quizás demasiado. Pero haberlo hecho no garantiza que podamos ofrecer más amor ni estar en paz.

La invitación es a elegir una mejor manera, a actuar diferente, a permitirnos los errores y valorar los aciertos.

En las próximas páginas, les comparto algunos de los artículos que he publicado en las redes sociales y en mi sitio de internet. En ellos, hay una constante invitación a hacer ése camino interno que todos, en alguna medida, estamos buscando experimentar.

1

Decidirnos a favor del bienestar

Si hay una decisión que he tomado y estoy enfocado en sostener, es la de no negociar con el sufrimiento. **Realmente, no hay razones valiosas para alimentar los miedos, el estrés o cualquier tipo de drama.** Pero a veces actuamos como si las hubiera.

Nos repetimos que no podremos lograr lo que queremos, que no somos suficientes ni merecedores, que siempre algo está mal; pero no estamos tan conscientes de la magnitud de ese maltrato silencioso que nos hacemos ni del impacto que esto tiene en el mundo. **Estoy convencido que así como nos tratamos, así tratamos al mundo.** Por eso es tan significativo tener un cambio de actitud hacia nosotros mismos.

La mayor causa del sufrimiento no llega de nuestro entorno, sino de nuestras ideas. Tenemos la libertad de ser compasivos o beligerantes ante cualquier situación. Una nos lleva a la paz, la otra al sufrimiento. Y esa responsabilidad está en cada uno de nosotros.

Minuto a minuto vamos construyendo nuestro bienestar, o su opuesto. Con cada imagen que creamos en nuestra mente, con cada opinión que tenemos, en cada palabra que sale de nosotros y en la actitud que tomamos ante cada situación.

¿Me enredo o decido soltar el drama cuando éste se me presenta? Es decir, sigo participando de una conversación cuando se llena de juicios y manipulación o decido dar un paso atrás. Cada instante, estamos eligiendo qué energía queremos sostener en ese momento, creando un patrón de vida.

En este proceso, tenemos el dolor a nuestro favor. Éste siempre nos avisa cuando estamos entrando al sufrimiento. Si por descuido estamos entrando a su zona oscura, el dolor nos avisa antes de llegar. Si respetamos lo que el dolor nos dice, nos será más fácil reconocer hasta dónde queremos participar de una situación.

Incluso cuando el cuerpo duele, cuando ese dolor no es sólo emocional sino físico, en la cabeza, el estómago o la espalda, me llamo a silencio y suelto cualquier pensamiento que tenga en ese momento. **Querer tener razón nos lleva al sufrimiento por autopista y en piloto automático.** Pero antes de entrar, siempre aparece el dolor para alertarnos.

Quizás no lo consigamos inmediatamente. Lo más probable es que no. Pero, al menos, comencemos tomando la decisión de no sostener el sufrimiento. Y estar alerta al dolor. Que más que un enemigo, es uno de los mejores guardianes de este viaje por la vida física.

2

Los sueños no son sólo sueños

Desde niños, hemos ido apagando nuestros sueños.

Quizás nos dijeron que los sueños, sueños son. Es decir, que las imágenes que nos venían a la mente despertando entusiasmo y alegría, iban a quedar encerradas en ese globo de fantasía por el resto de la eternidad. Y que el mundo real es otra cosa.

Creo que la evolución de la humanidad es más lenta de lo que podría ser justamente por eso. Tenemos la tendencia a quedarnos con lo conocido, a quitarle valor a lo que intuitivamente la vida nos muestra a modo de sueños.

¿Qué hubiera pasado si quienes tuvieron sueños los hubieran mantenido vivos y hubieran trabajado por ellos hasta hacerlo realidad? ¡Cuántos inventos, nuevas políticas, edificios y libros ingeniosos hubiéramos tenido! Cuántas ideas hemos dejado pasar... ¿Y qué hubiera pasado con nosotros si hubiéramos creído y perseguido nuestros sueños?

El soñar, es decir, poder ver en imágenes mentales acontecimientos no tangibles por los cinco sentidos y que despierten pasión cuando los experimentamos, es una experiencia mística a la que todos tenemos acceso. Son los mensajes más valiosos que como seres humanos podemos recibir. Es la vida sugiriéndonos que hay más de lo que conocemos e invitándonos a trabajar físicamente, en este plano terrenal, para eso.

Nuestro propósito como seres humanos es revelado a través de lo que nos apasiona. Y muchas veces eso todavía no es parte de una experiencia concreta, sino de ese mundo aún etéreo de los sueños. Prestarles atención, entonces, nos ayuda a definir nuestro propósito de vida.

Sé que hay muchas teorías que pueden defender la idea de que los sueños, sueños son. Pero para entenderlas, nos tenemos que cubrir de pesimismo y cobardía. Tenemos que renunciar a la alegría y entregarnos a la tristeza. Además de negarnos la capacidad de crear más allá de lo que se nos ha dado. Pero no puedo sumarme a esa teoría. Porque he prestado atención a mis sueños y, que estés leyendo este artículo, es prueba de que podemos cumplirlos.

¿Cómo lograrlo? Dándole valor a lo que soñamos, escucharnos más y construir sobre ellos.

3

Vivir con simpleza es posible

Simplificarnos. Esa parece ser la mejor estrategia para caminar más fácil y livianos en estos tiempos de tantos, tantos cambios. Pero la simpleza no sólo debe manifestarse en lo externo, en nuestra vida material, sino también en nuestra mente, en la forma en que vemos la vida.

"¿Es posible tener una mente simple con tanto que tenemos para pensar?", me preguntó una amiga cuando le recomendé ser menos racional. "Sí, definitivamente sí. Es más sencillo de lo que crees" le dije.

"Según el diccionario, algo simple está compuesto por una sola parte. Así es que si esperan que otro te haga feliz, que alguien cambie o que algo se solucione, ya hay dos cosas, tú y esa persona o esa situación. Y así, todo se complica. **La solución es: hazte cargo de lo que te pasa a ti".**

Si trato de cambiar a las personas que no me gustan, pierdo la paz. Pero si trato de percibir diferente al otro, aunque no cambie, estoy en paz.

Si me esfuerzo por superar mis limitaciones, es porque creo que lo imposible está fuera de mí. Pero si logro transformar mis pensamientos limitantes, re-

conociendo que no es lo que veo sino cómo lo veo lo que hace difícil lo que tengo frente a mí, podré caminar con certeza por donde antes veía dificultad.

Volver la atención a nosotros mismos cada vez que algo nos quite la paz. Ese es el paso que tenemos que dar si queremos pensar más simple, para vivir más simple, para estar en paz.

4

Una compasión posible

Algo que debemos tener muy en claro en nuestro intento por despertar una mirada espiritual, es que al leer libros o asistir a conferencias, no estamos más que informándonos, porque solo es en la acción cuándo comienza nuestro verdadero trabajo. **Leemos de amor, pero amando es cómo podemos experimentarlo, en verbo, no en sustantivo. Práctica, práctica y más práctica. Es la acción la que instalará en nosotros ese nuevo hábito.**

Y uno de esos hábitos que instalan el amor en la existencia humana es la compasión. El hábito de reconocer nuestros impulsos egoístas, donde la mayoría de ellos están rellenos de miedo, para luego decidirnos a tener una mejor actitud, en cada oportunidad, en cada encuentro, con cada pensamiento, es una tarea posible (posible y necesaria).

El trabajo comienza por crear las condiciones. Si estamos distraídos, o apurados, o demasiado atados a nuestras razones, nuestra meta se diluirá en el intento.

Por eso, sugiero mantener una práctica que se base en tres partes.

La primera, **en cultivar emociones que favorezcan una actitud más amorosa:** Los estados emocionales se sostienen en la suma de lo que sentimos durante todo el día, cada día. Y si no comenzamos por serenarnos, ser más amables, suavizando nuestras actitudes cuando se nos hace más fácil, y con las personas que nos cuesta menos, nos resultará una tarea titánica lograrlo cuando más lo necesitemos.

Lo segundo, es **cuidar nuestros pensamientos:** Existe una conversación silenciosa de la que no siempre estamos alerta, pero que crea la mayoría de nuestros impulsos. A veces, cuando una persona muy pacífica tiene un ataque de ira, me preguntan ¿De dónde salió esa actitud reacción?, y les recuerdo que antes de exteriorizarse, hay una actividad invisible, pero muy poderosa, que genera lo que luego manifestaremos al mundo. Esa actividad está ocurriendo en un espacio interno que puede pasar desapercibida si no nos aquietamos y la observamos. Para eso, necesitamos detenernos, aquietarnos varias veces al día, especialmente cuando estamos agitados o enojados, y observar lo que está sucediendo en nuestro pensamiento. Es allí, donde se está gestando el próximo acto que viviremos.

Y, finalmente, **mantenernos en estado de alerta:** Esto es más sencillo de lo que parece. Se trata de observarnos regularmente para no distraernos de los dos pasos anteriores. Entre mis hábitos cotidianos está la regla del "dos por dos". Cada dos horas, aproximadamente, me detengo dos minutos para respirar profundamente, y revisar mi mente y mis emociones. Así, no debo esperar a que una tormenta emocional destruya, en minutos, lo que he venido cultivando por varios días.

La compasión, bien puede ser un exquisito deseo para la humanidad, o una tarea que asumimos como nuestra responsabilidad, pero ésta última es la que todos necesitamos realizar.

Y sí, claro está, es absolutamente posible.

5

El miedo atrae lo que teme

Aunque sabemos de antemano que la preocupación es negativa, le hemos dado un valor excepcional en nuestra cultura. Pareciera que si nos preocupamos vamos a hacerlo mejor. Creemos que si algo no sale bien o como esperamos, el preocuparnos por ello nos garantizará un mejor resultado.

Pero, lo que ocurre es exactamente lo opuesto. **El miedo termina atrayendo lo temido.** Por lo tanto, cada vez que usamos nuestra valiosa energía creativa, en forma de pensamientos y emociones, en especular negativamente sobre lo que aún no ha ocurrido, estamos, literalmente, acelerando las posibilidades de que sea eso lo que ocurra y no un evento inesperado... o mejor!

El apego a lo complicado y a que el sufrimiento le dé un valor agregado a los logros, hacen que la preocupación cobre un sentido positivo que solo puede sostenerse en un cuento errado. **Creemos que apostar por lo negativo puede llevarnos a lo positivo.**

Es momento de repasar en qué invertimos nuestra energía. Tanto nuestro tiempo y nuestro interés, como nuestras emociones y pensamientos. Y entender, de una vez por todas, que la preocupación no puede llevarnos a mejorar aquello por lo que nos preocupamos. Todo lo contrario.

Cuando nos observemos preocupándonos, respiremos y soltemos esa historia. Una y otra vez. Hasta poder sostener una historia mejor. La que queremos realmente crear.

6

El regalo de la generosidad

La generosidad tiene un efecto incalculable en nuestra vida.

Desde nuestra limitada visión humana, creemos que al ser generosos estamos ofreciendo un beneficio a otro, cuando en realidad el regalo más grande lo estamos recibiendo nosotros.

La generosidad, cuando es honesta, nos abre el corazón, un espacio que solemos mantener cerrado gran parte de nuestra vida. Y con el corazón abierto, podemos ver más claro, transitar los miedos sin enredarnos, valorarnos, aceptar, usar nuestra poderosa capacidad de amar. ¡Muchas cosas!

Cuando se acerca alguien que me pregunta cómo salir de sus temores, cómo ser más valiente para aceptar una responsabilidad o para perdonar, les sugiero que comiencen a practicar la generosidad. Como puedan, donde se presente una oportunidad, que no dejen pasar la oportunidad de ser generosos.

Ofrecer más de lo que esperan de mí. Dedicar, de corazón, un tiempo a una persona que lo necesite. Para lo que sea, como sea, pero trascender el egoísmo de justificarnos en la falta de tiempo o la falta de conocimiento. De salirme de mi espacio cómodo para ofrecerle esa comodidad a otro.

Pensamos que al hacerlo vamos a sufrir. Pero es imposible que ofrecer amor vaya acompañado de sufrimiento. Si sufrimos, quizás estemos dando algo pero con especulación, con miedo. Y esto es otra cosa, no es generosidad.

Cultivemos éste hábito, convirtámoslo en una práctica. Es tan simple como dejar de pensar solo en nosotros para incluir, frecuentemente, a quienes comparten nuestra cotidianeidad. No me olvido de mí, pero tampoco me olvido de ti.

Después de practicarlo, podremos volver a pesar nuestros problemas en la balanza y darnos cuenta que perdieron peso; que ahora podemos ver más claramente lo que antes era un problema. Que nuestra razón de estar en el mundo es más valiosa de lo que habíamos imaginado.

7

Soltar lo que nos pesa

Para llegar alto, debemos soltar lo que nos pesa. Las cargas nos impiden volar. ¡Qué motores necesita un avión para lograrlo! Porque volar no está en la naturaleza del metal, pero sí en las aves, por eso basta con que abran las alas y busquen el cielo para que lo logren.

Volar es una condición de nuestro espíritu, no de nuestro cuerpo. Su vuelo nos lleva a ver nuestra vida desde arriba, desde los costados, desde más lejos. Y en ese vuelo, podemos tomar distancia. Y con esa distancia podemos ver las cosas tal como son, no según la historia limitada que nuestra mente nos cuenta.

Pero que volar sea condición del espíritu, no nos garantiza ese vuelo, porque a veces el cuerpo, nuestra densidad, está tan pesada que no deja que nuestro espíritu aflore. Pesa por las emociones densas que no hemos liberado, las viejas estructuras que cargamos, nuestros juicios y los juicios del mundo. Por eso pesa tanto.

Tomemos un tiempo para nosotros y hagamos silencio. Silencio interno. Desconectémonos por un momento del mundo.

Una vez que entramos en el silencio, podemos observar nuestros pensamientos anticuados, almidonados por el tiempo, algunos prestados y nunca devueltos. Los vemos todos. Y ya no tenemos que liberarnos de ellos porque, al observarlos caen por su propio peso.

8

Más allá del bien y del mal

Todo está presente en todo. Esa es la ley primera de la materia. En la oscuridad está la luz, en el blanco hay negro, y en el odio, está el amor. Por eso, cuando nos apegamos a una sola postura, al idealismo o a una visión solamente positiva, estamos limitando a que nuestra esencia se manifieste. Y nuestra personalidad le gana.

Si queremos dejar que nuestro espíritu esté a cargo de nuestra vida, no podemos estar apegados al bien ni al mal. Si sólo vemos una parte, siempre estaremos temiendo que la otra aparezca y, así, no encontraremos paz.

Este es un paso que solo puede dar nuestro espíritu, porque la mente nunca se sentirá cómoda en el camino del medio. Lo considerará ilógico y hasta inhumano. Y esa puerta se abre con la aceptación. **Cuando aceptamos, aun no estando de acuerdo o teniendo una opinión diferente, pero igual aceptamos y no ofrecemos resistencia a lo que estamos experimentando, en ese instante, se enciende la luz de nuestra conciencia.** Y la visión se expande, la luz deja verlo todo y, esa misma luz, lo integra a todo.

El pecado, el castigo, la justicia humana y las verdades del hombre, están a los costados. Cuando llegan al centro, en ese momento, simplemente son. Tal como son.

9

La verdad nos hará libres (¡siempre…!)

Cuando reviso momentos de mi vida en los que perdí mi centro, me doy cuenta que el comienzo de todo fue cuando deliberadamente no dije una verdad, tal y como era.

No me refiero a decir mentiras, sino a inventar historias fantásticas para ocultar alguna verdad que puede ser inconveniente. A decir las verdades a medias porque pueden molestar a otros y poner en amenaza el respeto o al cariño que recibimos. O, simplemente, a no decir las cosas como son porque no nos conviene.

Esto que aparentemente hacía para protegerme de un mal mayor, lograba lo opuesto. Me mantenía en una tensión constante con las personas implicadas, mezclando culpa, miedo y amenaza, y terminaba quebrando relaciones que aportaban a mi vida. Es decir, tratando de evitar el sufrimiento, mío y de otros, terminábamos todos afectados en él.

Por eso aprendí que la verdad siempre libera. La verdad sana, ayuda a dar vuelta las páginas y, sobre todo, a aliviar la conciencia. Nos da paz.

A veces implica dolor, porque no siempre estamos listos para decir o escuchar las cosas como son. Así como las hierbas para sanar el hígado, el trago es amargo pero el resultado es sanador.

Animémonos a decir las cosas como las vivimos, como las sentimos y como creemos que son. Y permitamos que los demás también lo hagan. Cuando escuchamos las historias de los otros con respeto, y damos a conocer las nuestras, nos es más fácil ver el porqué de lo que está ocurriendo y nos da libertad para, con más conciencia, decidir qué queremos hacer con una situación.

Porque si no te digo todo lo que realmente me está pasando, ni me dices todo lo que realmente te está pasando, es imposible crear un puente para conectarnos. Cada uno en su pequeña isla, preso de una mentira.

Por eso, como podamos, de la manera más amorosa posible, cuando lo sintamos y de la forma más clara, digamos nuestra verdad, contemos lo que está pasando en nuestra mente....y en nuestra vida, tal como es. La verdad nunca será una amenaza.

10

El sufrimiento,
una moda del pasado

Los seres humanos soñamos con el día en que dejemos de sufrir. Pero no nos hemos dado cuenta que el sufrimiento no está determinado por nadie más que nosotros. Es decir, estamos esperando que pase la tormenta que nosotros mismos seguimos creando.

Sufrimos por miles de razones, pero todas llevan algo en común: la idea que las cosas deberían ser como nosotros pensamos, queremos o esperamos.

No queremos que los seres queridos mueran, queremos que los empleos sean eternos, que las personas sean como nosotros esperamos que sean y de nosotros, ser las versiones ideales de lo que realmente somos. Así, el dolor se vuelve tan intenso como débil es la aceptación que tenemos de las cosas como son.

Si, la aceptación puede ser la cura del sufrimiento humano. Aceptar al otro tal como es, las cosas como ocurren y los destinos como se presentan. Y aceptar no implica quedarse con los brazos cruzados, sino tomar acciones concretas para acercarnos en lugar de alejarnos de lo que nos duele. **Hacer las paces primero en nuestros pensamientos, dejando de desear lo opuesto.**

Nada bueno, ni nuevo, ni favorable, puede nacer del sufrimiento. Por lo tanto, todo intento de salirnos de él sin haber aceptado, es simplemente imposible. Excepto que nos engañemos con alguna anestesia de las muchas que también hemos creado para mantenernos con los ojos cerrados.

Somos parte de una de las generaciones que tenemos la opción concreta de ponerle fin al sufrimiento en el mundo. Así de importante es nuestra función. Porque cuando dejamos de sostenerlo se sentirá tan bien que esa sensación de libertad y bienestar se contagiará y se expandirá.

Como podamos, como nos salga, un poquito cada día, pongamos de moda la aceptación. Porque el sufrimiento, a esta altura de la evolución, ya está pasando de moda.

11

Nadie nos abandona

Hay gente que se va de nuestra vida. No siempre quienes nosotros esperamos que se vayan y no siempre de la manera que nos gustaría. Esta parece ser una razón de un dolor gigante. Tan grande, que hay industrias que viven de ese sentimiento. Libros, películas, novelas y miles de conversaciones en los medios de comunicación sostienen ese dolor andando.

Pero, en realidad, nadie nos abandona; siempre habrá gente que se retirará de nuestra vida. La historia que nos contamos del abandono y el dolor que esto trae tiene su raíz en nosotros, no en quien se va.

Quizás, una de las razones es que no hemos aprendido a estar con nosotros mismos. Esquivamos esos momentos tan especiales de intimidad con nosotros mismos, en silencio, para llenarlos de agendas y ruidos que alguien nos ayudará a hacer. A menudo encuentro personas que hace tanto tiempo que no están con ellos mismos...! que realmente no saben qué hacer con sus vidas porque nunca esperaron su propia respuesta y se quedaron con la de su familia, la de sus compañeros de vida o de alguien más. Pero sin saber la propia.

Y ese abandono de uno mismo, en algún momento nos cobra factura. Se pone en evidencia cuando aquel que trajimos para que pensara y decidiera por nosotros, se va. Y al irse, deja un espacio que debemos ocupar. Y que cuando lo vemos vacío, nos duele. **Nos duele saber y sentir que nos hemos abandonado.**

Por eso, no busquemos afuera más culpables de nuestro propio abandono y comencemos hoy, en este momento, a dedicarnos tiempo y espacio para estar con nosotros mismos. A escucharnos y obedecernos. A mirarnos más adentro sin perdernos tanto afuera. A escuchar la guía interna sin depender tanto de las opiniones externas.

Porque si estamos con nosotros, no habrá espacios vacíos. Ya nadie podrá invadirnos ni necesitaremos ocupar el espacio de nadie para sentirnos bien.

12

Lo público, lo privado y lo secreto

Nuestra existencia va ocurriendo simultáneamente en tres mundos. El público, el privado y el secreto.

El mundo público es donde ocurre la mayoría de las experiencias que podemos percibir: las relaciones con los demás, nuestros trabajos, etc. Todo lo que vemos y escuchamos cada vez que salimos de nuestra casa ocupa ese espacio común que compartimos con muchos otros, donde coincidimos físicamente, nos cruzamos y nos miramos .

El privado es el mundo de nuestras ideas, del que hacemos parte a las personas que elegimos, nuestros amigos, familiares y, ocasionalmente, algunas personas a las que dejamos entrar cuando les abrimos las puertas de nuestra privacidad. Es un mundo que incluye también lo intangible, por lo que las emociones constituyen un ingrediente básico e indispensable.

Y el mundo de lo secreto, habitado sólo por lo intangible. Donde conviven los recuerdos y las inolvidables sensaciones que nos dejaron. Es un espacio donde no cabe nadie más que nosotros. O, mejor dicho, donde no cabe otro ser humano. Es donde tenemos acceso al mundo espiritual, donde se produce la experiencia de conexión con lo divino.

Mientras más entretenido hacemos el mundo público, menos energía ponemos en la experiencia de los otros dos. Y cuando buscamos compensarlo, lo hacemos con el inmediato, el mundo privado. Pero pocas veces recurrimos al mundo secreto, el que podemos experimentar cuando tenemos una relación cercana con nosotros mismos, quietos y en silencio.

Cada uno nos ofrece sus propios regalos. El mundo de lo público nos trae lo que el cuerpo puede experimentar. En el privado, lo emocional, el mundo de las ideas, la cercanía de las personas que amamos y nos aman. Y el mundo secreto nos da serenidad, claridad, visión y paz.

El mejor regalo, la sabiduría, se alcanza en el equilibrio de estos tres mundos.

Es por eso que cuando nos sintamos descompensados o que la carga de la realidad nos pesa más de lo que podemos llevar, revisemos si nuestros tres mundos están en equilibrio.

Ninguno es más importante que otro. El público, el privado y el secreto.

13

Pongamos la mente en su lugar

Una de las relaciones más tóxicas que tenemos es con nuestra mente. No sólo por lo que nos dice, sino por la obediencia y fidelidad que le tenemos. Si la mente fuera una persona de carne y hueso, seguramente caminaríamos lejos de ella. O al menos, no le creeríamos todo lo que nos dice.

Siempre nos está ordenando qué hacer y qué no. Lo que está bien y lo que está mal. Nos habla sobre lo posible y lo imposible. Nos sube y nos baja en segundos. Más allá de estar equivocada o no, debemos darnos cuenta que escucharla no nos ha llevado a estar en paz. Por lo tanto, tenemos que revisar cómo queremos relacionarnos con ella.

Ante todo, comenzar por ponerla en su lugar. Quitarla del lugar de poder que le hemos dado y comenzar a escucharla como quien escucharía otra persona.

Escucharla hasta vaciarla. Haciendo silencio, escribiendo lo que nos dice, poniendo en palabras lo que escuchamos. Hacerlo consciente. Reconocer que una cosa soy yo, y otra es mi mente.

Cuando esto ocurra, comenzaremos a escucharnos de verdad, escuchar a nuestra conciencia, que siempre habla bajito, no juzga y acepta. No busca dividir con el enojo sino acercar con entendimiento, aceptación, y puede ver más allá de todo lo que la mente puede ver.

Por eso, cuando llegue el dolor, hagamos silencio. Escuchemos a la mente. Separémonos de ella. Y finalmente escucharemos la conciencia. Suave, simple e imposible de ignorar.

14

Las fallas del camino espiritual

Mis amigos budistas describen con la siguiente analogía la forma en que podemos distraernos a la hora de asimilar el aprendizaje espiritual. Dicen que podemos ser como un recipiente al revés, donde nada cabe a pesar de estar vacío porque no se puede verter líquido en su interior. O como un recipiente que tiene un hueco, que por más que tratemos de llenar lo que vertemos se escapa. O un recipiente que no está limpio, y aunque le pongamos el agua más pura, será contaminada por su propia suciedad.

Volteamos el recipiente al revés cuando le damos la espalda a lo que la vida trata de mostrarnos. **Quizás buscamos ayuda, pero no aceptamos lo que no encaje con nuestras razones. Y miramos sin ver.** Leemos libros solo buscando justificar nuestras razones. O vamos en búsqueda de algún guía o terapeuta solo para confirmar que nuestra forma de pensar es la correcta.

Tal vez por un huequito estemos perdiendo lo que recibimos. Esa pérdida ocurre por falta de atención, cuando leemos un libro mientras estamos pendiente del teléfono o la televisión o cuando no terminamos los aprendizajes que comenzamos. **La falta de reflexión, de interés o de perseverancia le quitan fuerza al nuevo conocimiento.**

Quizás sea nuestro intelecto el que nos limita. El creer que las cosas son como nosotros las hemos aprendido hace que terminemos entendiendo sólo lo que queremos. **La falta de humildad al recibir el conocimiento nubla la percepción.** Es la basura que contamina el mensaje más puro que pueda llegarnos.

Debemos estar atentos para descubrir cuál es la nuestra.

Cuando estamos en una práctica espiritual, leemos libros, asistimos a seminarios o de alguna manera nos vinculamos a un camino espiritual pero no estamos en paz ni hay orden en nuestra vida, es que quizás debamos revisar cómo estamos recibiendo lo que se nos es dado.

15

Ese pensamiento no es mío

"Ese pensamiento no es mío". Esta es la frase que me repito cuando me cruza una idea que no resuena conmigo. Que como no es mía, me pesa. Y como me pesa, no se siente bien.

Sucede que los pensamientos son energía. Los reconocemos a través de las imágenes con que los visualizamos o las sensaciones que producen. Pero, al igual que todo lo que existe en el universo, son energía. Energía invisible, por eso nos cuesta entender que los pensamientos son "algo" y ocupan un espacio físico. Pero allí están. Algunos agolpados en nuestra cabeza, por eso nos duele. Otros en la espalda, por eso nos pesan. Otros a la altura del pecho, por eso se contrae. Allí están, por todos lados. Y cuando los pensamos, los hacemos nuestros. Al menos los llevamos con nosotros por un tiempo.

Algunos de ellos fueron usados en el hogar donde nacimos y, sin cuestionarlos, de tanto pensarlos, los hicimos propios. Otros, simplemente los recibimos cuando escuchamos una conversación, en la televisión o al leer algo por allí. Cuando los pensamos, se instalan. Y al sentirlos, se afirman en nosotros. Por eso, cuando sufrimos por algo se nos hace tan difícil "sacarlo de la cabeza". O al revés, se nos hace inevitable, y muy fácil, volver a pensar en "eso que nos hizo tan felices...o tanto daño".

Sabiendo esto, he aprendido a soltar el pensamiento que sé que no es mío, y que no quiero sostener. **Cuando estoy conversando y lo que digo no se siente bien, libero ese pensamiento repitiéndome, en silencio, "ese pensamiento no es mío".**

Si identifico de donde viene, mentalmente lo regreso adonde pertenece. Sino, simplemente lo saco de mi sistema, repitiendo con consciencia "ese pensamiento no es mío". **Así como cuidamos nuestro cuerpo visible de toxinas, cuidemos también el cuerpo invisible de las energía tóxica.**

No comamos todo lo que nos pongan en el plato. Usemos el discernimiento. Ya lo sabemos. Ejerzamos la libertad de elegir qué pensamiento deseamos sostener.

16

Para cada problema, una solución

Todo enredo tiene su manera de desenredarse. Esta no sólo es una visión optimista de lo que podría ser un problema, sino una verdad que tenemos que aceptar.

Para que algo se haya complicado o enredado, antes debió estar en un estado opuesto. Y saber de la existencia de este primer estado es la garantía que toda búsqueda de solución encontrará un resultado positivo.

Pero, muchas veces, creemos lo contrario porque esperamos que la solución ocurra como un acto mágico del destino, que alguien la encuentre por nosotros o, simplemente, porque asumimos que no hay resolución para nuestro problema. Y nos quedamos a mitad de camino.

Einstein, un gran buscador de soluciones, decía que su inteligencia no fue lo que lo llevó a encontrar las respuestas, sino su paciencia, porque se quedaba con el problema hasta que aparecía la solución. Una mezcla de trabajo y paciencia.

Por lo tanto, si nos encontramos con un problema en nuestro andar, antes preguntémonos si queremos encontrar una solución. Sucede que a veces estamos más cómodos con el problema que sin él. Por contradictorio que nos parezca, en mi experiencia, ése es el primer factor que veo en las personas que no lograr ver una salida a sus enredos.

Si realmente queremos una solución, lo siguiente será renunciar a pedírsela a otros, o esperar que el destino la presente. Podemos buscar quien nos guíe, pero sólo nosotros podemos hacer el trabajo.

Luego, cuestionemos lo que vemos o lo que sucede. Esto implica observarlo en silencio y escuchar lo que nuestra mente nos dice de esa situación. Ir limpiando el camino de aquellos pensamientos que entorpecen ver el bosque completo. Insistir y esperar. De pronto, nuestro trabajo será recompensado por una idea iluminadora.

Al final, una vez superado, agradeceremos a esa situación porque entenderemos su propósito. Y es que todo problema viene a ayudarnos a abrir la mente y el corazón. Por eso, buscar una solución se puede transformar en un camino sagrado de expansión espiritual. O una razón más para creer que no somos poderosos. Es nuestra elección.

17

El más común de los sentidos

Hay un sentido que media entre el cielo y la tierra. Que hace que el riesgo de los extremos pierda fuerzas y que el camino de salida siempre esté disponible, no importa cuán perdidos estemos. Ese es el sentido común. El que a la humanidad, en estos días, se le está olvidando desarrollar.

El sentido común cobra fuerzas cuando dejo de pensar en mí para pensar en nosotros. Busca el encuentro, no las diferencias. Es racional, pero incluye al corazón.

No es frío, pero tampoco apasionado. No está en los extremos porque reconoce los límites y los respeta. Es el sentido humano más cercano al amor.

Y vale decir que como es parte de nuestra naturaleza no necesita de gran instrucción, pero debemos activarlo para que se instale en nuestra conciencia.

Lo hacemos cuando elegimos el camino más sencillo, cuando renunciamos a tener nuestra razón para buscar una razón y, especialmente, cuando dejamos de preguntarnos si algo me conviene para prestar atención a lo que nos favorecerá a nosotros. A mí y a los demás.

A veces, no sabemos cómo permitir que una nueva energía, más espiritual, se instale en el mundo que nos rodea.

Quizás no estemos todos a la altura de poder sumarnos a alguna práctica espiritual profunda. Pero un efecto similar lo tendremos cuando cada uno, en el lugar que la vida nos ha puesto en este momento, comencemos a dejar que el sentido común defina nuestras decisiones.

Cuando miro alrededor puedo ver que muchas situaciones que consideramos desgracias, ocurrieron porque nos hemos olvidado de usar el más común de los sentidos. Y el que todos tenemos. Por eso, comencemos ahora, con la próxima decisión.

18

Las enfermedades que nos sanan

Si algo nos espanta y logra despertar nuestras colecciones de miedos son las enfermedades. Con lo mucho que hemos recorrido el camino evolutivo, los seres humanos aún juzgamos a la enfermedad con los peores calificativos que tenemos en nuestro idioma.

Pero, en mi opinión, las enfermedades son parte de nuestra sanación. Y por eso, no son imprescindibles, pero se vuelven necesarias cuando la vida nos pide cambios... y miramos para otro lado.

Toda enfermedad nos ofrece los síntomas que hablarán el lenguaje del alma.

Pocas veces me he encontrado con que no haya un aviso de la vida a través de la enfermedad. En algunos casos he tenido que recurrir a un viaje más largo, hasta vidas pasadas, hasta un karma ajeno a esta encarnación para encontrarle sentido. Pero lo más probable es que la razón sea obvia y clara. **La enfermedad llega como un llamado de atención de una parte de mi vida que está desatendida.**

Por ejemplo, cuando me enfermo, algo debo soltar. Desde la necesidad de tener la razón y que la vida o las personas sean como yo quiero, hasta una atadura a algo que me carga demasiado y no puedo sostener. Ya sea de un trabajo, una situación, un hábito destructivo o una persona.

Sería ideal que ya hubiéramos alcanzado el momento de la historia de la humanidad en que la enfermedad no sea parte de la experiencia física. Para eso, no necesitamos más investigación médica, sino más seres conectados consigo mismos para que podamos escucharnos sin que el alma tenga que usar el cuerpo para hacerse escuchar.

Y es que a las enfermedades no se las combate, se las comprende. Sé que no nos resulta fácil, porque la sobrevaloración del cuerpo por sobre el alma aún es un tema pendiente, pero es posible. Y si es posible, toda excusa pierde fuerzas.

Por eso, cuando la enfermedad nos visite, en la forma en que lo haga, atendamos el dolor físico primero y vayamos más profundo después, alineándonos con el alma, poniendo atención a esa parte de nuestra vida que es evidente que pide cambios.

19

De la motivación a la inspiración

Me han preguntado varias veces por qué no me considero un motivador. Y hago esta aclaración porque muchas veces el ego se cuela para motivarnos a hacer algo que no estamos inspirados a hacer.

Cuando nos motivamos estamos persiguiendo una meta, una objetivo, que no siempre estará en relación a nuestra evolución.

Y puede que sea el miedo lo que nos lleve a ella. Al conseguirla, habremos aprendido a crear algo nuevo, pero el miedo quizás se mantenga intacto. Por ejemplo, buscar dinero por miedo a la pobreza, buscar pareja por miedo a estar solo, triunfar por miedo a sentirnos fracasados o poco valiosos. Y así, una larga lista donde ponemos energía. Pero el logro de la meta no garantiza que el miedo se borre. Puede que ése miedo se disimule y será ese mismo miedo el que nos llevará a cierta dependencia de lo alcanzado. Es decir, sin ese logro volveremos a experimentar el miedo. Por lo que haremos, haremos y nunca descansaremos.

La inspiración, por su lado, también involucra un objetivo, pero éste no se convierte en meta, sino en camino. No ponemos la energía en llegar, sino en caminar.

De pronto, nos encontramos con algo que nos inspira y comenzamos a transitar ese nuevo capítulo, pero abierto a las muchas posibilidades que ese camino traerá. Sin saber exactamente donde llegaremos, pero con la certeza de que en cada momento estamos donde tenemos que estar. Y que caminaremos en paz.

Cuando nos inspiramos, tenemos muy claro el punto de partida y somos flexibles en el camino. Cuando nos motivamos, tenemos certeza en la meta y no la negociamos, incluso si estamos dando a cambio nuestra paz interior para lograrla.

Si tuviera que definirme, entonces diría que me siento más cómodo siendo un inspirador, invitando a hacer el camino y señalando el punto de partida, con la certeza que aprenderemos y disfrutaremos más de caminar, que de llegar.

Y los invito a que todos los seamos.

20

Aprender a decir basta

Si "basta", "hasta aquí" o "es suficiente" fueran parte de nuestro vocabulario con más frecuencia, seguramente nos seria
mas fácil experimentar la felicidad. Gran parte de nuestro des-
contento aparece en la búsqueda de algo más, algo mejor o algo
diferente. Ya sea en una persona, un producto o una experiencia, siempre hay algo por delante que no nos deja ver lo que ya
tenemos. Y como sólo se disfruta lo que se tiene, la alegría de
vivir se va evaporando mientras mas insatisfechos nos ponemos.

**Nos resulta difícil darnos cuenta de esta rueda de
insatisfacción que gira sin parar porque nuestro entorno esta diseñado para hacerla andar.** El mundo nos
dice que decir "hasta aquí" roza la mediocridad y nos empuja a
seguir mirando lo que nos falta, aunque creo que nada es mas
mediocre en nuestra humanidad que la ausencia de felicidad.
Venir al mundo y no experimentarla es como comprarse un automóvil muy equipado y dejarlo guardado en el garaje porque
estamos muy ocupados eligiendo cual será el próximo que queremos comprar.

**No hay nada negativo en lo material, ni en tenerlo
ni en usarlo. Se torna negativo cuando damos a cam-**

bio nuestra bienestar para seguir en esa búsqueda inagotable.

Cuando reconozco que lo que tengo es suficiente, la mente se relaja. Y desde una mente relajada puedo elegir con mas conciencia lo que necesito.

Muchas de nuestras necesidades, sino la mayoría, están basadas en especulaciones de nuestra mente. Es decir, no son reales. Y darnos cuenta de esta verdad es liberador.

Por eso, incorporemos en nuestra vida estas frases con mas frecuencia: "Basta", "hasta aquí" y "es suficiente". Nos sorprenderá la paz que la vida nos dará a cambio.

21

Mantener una imagen, duele

Mantener una imagen, duele. Este pensamiento me surgió espontáneamente mirando las revistas que estaban a mi alrededor en una sala de espera. Los títulos, si bien mostraban personas sonrientes, también dejaban ver sus caóticas vidas. ¿Por qué estaban sumidas en ese caos? Deduje que, quizás, porque estaban cumpliendo con sostener una imagen. Y mantenerla produce el dolor de intentar reemplazarnos por otro que no somos nosotros.

Y es que mantener una imagen, duele. Tanto como duele calzar un zapato de dos números menos o tan incómodo como llevar un pantalón de dos tallas más grandes. Molesta porque estamos haciendo un esfuerzo. Y el esfuerzo nos lleva al dolor.

Cuando dedicamos nuestra energía a complacer a los demás sin prestar atención a nuestras necesidades, quizás por el miedo a ser malos, duele.

Cuando queremos defender una opinión sin abrirnos a la idea del otro, duele.

Cuando hacemos lo que tenemos que hacer pero no lo sentimos propio, duele.

Esta forma de dolor, de incomodidad, de angustia o de enojos, nos avisa que nos estamos dejando de lado., que nos estamos peleando con lo que somos o con lo que hacemos. Que estamos declarándonos la guerra, tratando de matar nuestra autenticidad, la que necesita nuestro espíritu para manifestarse. Por eso, hacernos amigos de nosotros mismos es fundamental para hacer que el mundo sea amigable con nosotros.

Entonces, cuando llegue ese dolor, preguntémonos si estamos permitiendo que nuestro espíritu se manifieste haciendo lo que sentimos, fluyendo, aceptando, entregándonos, o si estamos alimentando la imagen de algún personaje que no somos nosotros. Como los que estaban en las tapas de las revistas de aquella sala de espera. Porque, si hay dolor, es muy posible que estemos manteniendo una imagen.

22

Animarme a estar conmigo

La soledad tiene mala prensa. Muchos aún la tienen en el catálogo de las experiencias que quisieran eliminar de sus vidas. Parece ser un error del destino, una falta personal o la consecuencia negativa a una mala decisión que tomamos. Y mientras sigamos dejándola allí, hay una parte del camino personal que quedará a medias, sin recorrer.

El encuentro con nosotros mismos es, quizás, el más importante que tendremos en la vida.

No habrá salvador, ni gurú, ni amigo, ni familiar que pueda darnos lo que descubrirnos a nosotros mismos nos dará. Y, para eso, quizás necesitamos transitar la soledad.

Pero... ¡ojo! No estoy insinuando que nos quedemos solos, físicamente aislados. Podríamos encerrarnos en una gruta, en el medio de una montaña y estar allí rodeados de nuestros fantasmas.

Entrar en la soledad es permitirnos estar con nosotros mismos, cultivar un espacio de intimidad personal. Aquietarnos, observarnos y escucharnos para conocernos.

Cuando me consultan cómo hacerlo, les hago esta pregunta:

- ¿Qué haces por la persona que más amas de tu entorno?

- Le dedico tiempo, lo escucho, soy compasivo, le doy cariño...

- ¡Eso mismo!... también hazlo contigo.

Amar al otro implica conocerlo. Para cuidarlo debemos conocer sus debilidades y sus heridas. Para alentarlo no apoyamos sus dudas, sino sus certezas. Y si aplicamos en nosotros mismos estas estrategias que hemos desarrollado para conectarnos en amor con los demás, lograremos este esperado encuentro personal. Para eso necesitamos de la soledad. Dedicarnos un tiempo y un espacio de calidad para que esa relación crezca. Con la misma frecuencia, con la misma intención y atención que le dedicamos a la persona que amamos.

En definitiva, en los demás buscamos lo que tenemos que darnos. Por eso, mejor, empecemos por nosotros, y no habrá necesidades que nos unan con los demás.

Estoy seguro que con el paso del tiempo, ya no buscaremos más remplazos a la relación más importante que podemos crear en el mundo. Soltaremos los "te necesito" y usaremos más a menudo los "te acompaño". Porque nos conoceremos, nos aceptaremos y podremos contar con nosotros, en todo momento.

23

Disciplina

Me preguntan ¿Cómo hago para mantener claridad en la mente y fortaleza emocional? Y respondo: ¡con disciplina!

Mi mente no tiene claridad porque haya meditado una semana. La tendrá por esa semana, o en las horas inmediatas a la meditación, pero no es un estado que permanecerá porque aún hay pensamientos errados que me distraerán. O puede que tenga la fortaleza de mantener un pensamiento enfocado pero de pronto ocurre un hecho imprevisto que me desmorona emocionalmente.

El secreto para mantenerse con claridad es cuidar la mente y las emociones como cuidamos el cuerpo: diariamente, con disciplina.

¿Cuántas veces tomas un baño en la semana? Dedica el mismo tiempo a meditar.

¿Qué atención le prestas al lugar donde te alimentas y lo que comes? Préstale la misma a atención a los pensamientos que aceptas para ti, a lo que escuchas de los demás y aceptas como verdadero, a lo que recibes de los medios de comunicación, a la música que escuchas.

¿Cuánto tiempo necesitas para que tu cuerpo descanse? Tus emociones también lo necesitan, así es que no te vayas a la cama cargado con la rabia, las frustraciones y los enojos del día.

En tu mesa de noche, pon una cajita en la que simbólicamente dejarás para el día siguiente lo que te atormenta, sino, no podrás descansar. Y, quizás, al día siguiente mires dentro de la cajita y te llevarás la sorpresa de que no hay nada.

24

La culpa no es del viento

Cuando el fuego está encendido, el viento, lejos de apagarlo le da más fuerzas.

Este pensamiento se hizo consciente cuando observaba la fogata que había hecho en mis días de retiro. Intenté encender el fuego en una noche de mucho frío. Con papel construí una base para que tuviera fuerzas, pero el viento no dejaba que las llamas quemaran la madera.

Poco a poco, pacientemente, fue insistiendo en darle tiempo al calor para que suba, hasta que las llamas enardecieron. ¡Ya tenía una fogata! Y el viento, aún más intenso, lejos de apagarlo era el que mantenía el fuego encendido. "Cuando el fuego está encendido, el viento, lejos de apagarlo le da más fuerzas", Me repetí.

Nuestra verdad personal, lo que somos, lo que valemos, lo que hacemos, es nuestro fuego. Y puede estar tan débil que las brisas de la duda, las críticas, los errores o las contrariedades vayan apagándolo. Y lejos de querer encenderlo, nos lamentamos del viento que hay.

Pero el viento no apaga el fuego. Es el fuego que decide su destino desde su debilidad o su fortaleza. **Si estamos claros, si**

nuestra llama interna está bien encendida, las dudas, las críticas, los errores o las contrariedades, lejos de amenazarnos, nos elevarán.

Por eso, no le echemos la culpa al viento y revisemos nuestro fuego interior cuando sentimos que lo externo es tan fuerte que nos amenaza. Si tenemos certeza de quien somos, de nuestro valor y lo que podemos ofrecer al mundo, todo nos fortalecerá, incluso si el viento sopla en contra.

25

Mi propio retiro

Cada principio de año, tomo un retiro personal de cuatro o cinco días. Al regresar, los más curiosos me preguntan qué tipo de retiro hago, qué técnicas uso y todas sus dudas, ya que especulan que mis días de retiro habían tenido una agenda "espiritual".

Piensan que no les quiero contar lo que viví cuando les digo que había simplemente caminado, observado la naturaleza, dándome tiempo para respirar conscientemente, que había disfrutado de paisajes, del silencio y el descanso. Sí, el mejor retiro es hacer poco de lo que hacemos regularmente. Dejar las rutinas y parar.

Muy frecuentemente lo sugiero a las personas que están involucradas en varios proyectos – la paternidad o maternidad puede ser uno de ellos- , que intentan estar lo más conscientes posible pero que no están en paz. El salirnos de las rutinas, dándonos espacio para que el cuerpo se relaje, acompañándonos con respiraciones más conscientes y momentos de silencio, suelen funcionar como reguladores muy efectivos para nuestra vida tan ocupada.

La respiración, el silencio y el poder estar en un estado más meditativo, más observador, pone la energía

en su lugar sin que tengamos que hacer algo especial para lograrlo. Nada más que detenernos.

Cuando lo hago, no siempre encuentro respuestas a todo lo que me preocupa, pero al menos dejo de necesitarlas, y aparece una certeza que no tenía, sin que haya hecho racionalmente nada para alcanzarla. En ese momento, la mente no me muestra nada más que lo que mis ojos ven. No especula con el pasado ni el presente. Disfruta de lo que hay.

Ese estado, unos de los más buscados por cualquier ser humano, resultó cuando me quedé quieto, escuchando mi respiración, sintiendo el frío del ambiente sin resistirlo y observando la naturaleza alrededor. Así de sencillo.

26

Amo lo que me pasa

Alcanzar un estado mental donde podamos aceptar lo que pasa, tal como pasa, es uno de los logros espirituales más profundos en nuestra evolución.

La aceptación es la única manera posible de alcanzar la paz, tanto afuera y dentro de nosotros. Soltar la necesidad de tener razón, de entenderlo todo, para llegar a la aceptación, nos lleva directo a nuestra realización espiritual. Y al lograrlo, nos damos cuenta que el recorrido del camino era al revés. Ya no espero entender ni encontrar razones para estar en paz., sino que cuando acepto, realmente puedo entender y eventualmente encontrar una razón.

"Acepto esto tal como se presenta. Amo lo que me pasa". Hay días en que estas frases me acompañan desde que me levanto hasta irme a dormir. Las llevo en el bolsillo porque es la llave que abrirá la puerta de mi interior cuando lo externo me esté tentando a quitarme la paz.

La aceptación, claro está, no implica quedarse de brazos cruzados, sino de no seguir deseando que las cosas sean diferentes. Y sabiendo que hasta no estar

en paz, nada de lo que hagamos nos llevará a un mejor puerto.

Confieso que me llevó tiempo dejar de entregarle el poder a mi mente con sus excusas y justificaciones, algunas muy lógicas y aparentemente justas. Pero poco a poco me permití rendirme ante las cosas tal como son, especialmente ante las personas.

Aun cuando demoremos en alcanzar el punto de aceptación, cuando lo alcanzamos, su valor es extraordinario. Porque vemos que, definitivamente, lo que había pasado había sido perfecto tal como fue.

27

El fin del mundo ya llegó

El nuevo tiempo ya está aquí. Aquella promesa de que el mundo iba a cambiar ya es una realidad. El planeta, con todo lo que involucra, desde sus geografías hasta los seres humanos que lo habitamos, estamos viviendo el cambio que tanto se anticipó. No está ocurriendo porque estemos atravesando fechas específicas, como marcan algunas predicciones, sino porque ya podemos evidenciar que las cosas dejaron de ser como las conocíamos. Desde hace tiempo, pero cada vez se nota más.

Hoy, vemos que los poderosos ya no lo son tanto, que a los que tratan de esconder mentiras se le cuelan las verdades por los costados, que la presión del miedo cada vez presiona menos y que hay una nueva generación que no compra tan fácilmente las verdades de la anterior. Esto, solo por marcar algunos indicios.

Y este cambio global también está ocurriendo en nosotros. Ya no aceptamos con tanta pasividad lo que no sentimos propio, nos replanteamos más a menudo si la vida que llevamos es la que realmente queremos, vamos dejando de temerle a la soledad para encontrar en ella un espacio de crecimiento, no de fracaso social. Estamos retomando una manera más natural de alimentarnos y hasta hay cada vez más gente que se anima a salir de sus rutinas para pensar en hacer algo por la comunidad en la que vive. Algo que antes hacían unos pocos desconocidos.

El cambio ya está aquí. Lo digo porque aún encuentro a algunas personas que siguen preparándose para lo que viene, creando estrategias o especulando con viajes extraordinarios, hasta otros mundos...!

El fin del mundo, entendido como cambio, ya está ocurriendo. El planeta del miedo se va quedando sin baterías y el planeta del amor viene con todas las pilas puestas.

La pregunta que debemos hacernos, es ¿de qué mundo somos parte nosotros?

28

Volver a nosotros, para conectar con los otros

Estoy conduciendo y me encuentro, de pronto, formando parte de una guerra urbana, donde otros conductores se enfrentan por ocupar el último espacio de un estacionamiento. Alcanza con ver sus rostros para darme cuenta que estaban a punto de gastar toda la adrenalina del día en un instante.

Camino en el supermercado, y una persona con su teléfono celular apoyado en una oreja, sus ojos perdidos entre los productos sin mirar a ninguno en particular y su carrito en el medio del pasillo impide que pueda pasar. La miro, para hacerle saber que estoy allí, y no nota mi mirada. Le hablo, pero no me escucha. Decido entonces dar la vuelta e ir por otro lado.

¿Les ha ocurrido? A mí, con frecuencia. Entiendo que es una oportunidad para revisar mi tolerancia, mi apuro y mi ansiedad. Pero también, para reflexionar el porqué nos cuesta mantener éstas sencillas formas de respeto, y de convivencia.

Sucede que cuando no estamos bien con nosotros mismos, no nos queda energía para invertir en lo que nos rodea. Podemos mirar sin ver, escuchar pero sin prestar atención y hablar pero sin ser muy conscientes de lo que decimos.

La solución no implica una estrategia inalcanzable para quienes vivimos entre horas que se sienten cada vez más cortas y listas de responsabilidades que se alargan. Para volver a nosotros y crear bienestar podemos, al menos, detenernos unos minutos varias veces al día, respirar profundo, observar cómo nos sentimos, y comprometernos a no seguir alimentando aquellos pensamientos que tienden a convertirse en preocupaciones, y de preocupaciones, a instalarse como miedos.

Porque mientras más livianos vayamos por la vida, tendremos los ojos y el corazón más abiertos.

29

¿Qué espero para cambiar?

Mudarme, terminar esto que estoy haciendo, comenzar lo que quiero hacer, ir, venir, conocer a tal persona o llegar a tal lugar. Esas respuestas son las que escucho cuando pregunto ¿Si sabes lo que tienes que hacer, qué esperas para hacerlo?

Seguimos poniendo fuera de nosotros el control de nuestro destino, sin darnos cuenta que las circunstancias que estamos viviendo, con esas personas, en esos aparentes problemas y con las carencias de ese momento, son la plataforma ideal para descubrir y comenzar a ofrecer lo mejor de nosotros.

Podemos equivocarnos en la manera que interpretamos la vida. Pero la vida, en sí misma, es imposible que esté cometiendo errores. Prueba de ello es que a pesar de nuestros miedos y densidades, el mundo sigue andando sin parar.

Por lo tanto, deberíamos simplemente comenzar a hacer lo que sabemos que tenemos que hacer para darnos cuenta que es el mejor momento para dar el paso.

Perdonar cuando estoy enojado o soñar grandezas cuando me siento disminuido. Sí, es justamente ése el momento de comenzar el cambio.

Quizás por eso nos pasa eso que nos incomoda. Porque es la manera que la vida nos esta empuja para dejar salir nuestra grandeza.

30

El ego espiritual

Vivimos en una época de saturación de fórmulas y secretos espirituales: nos llegan en email, en múltiples libros, en muchos seminarios... Llegan de todas las latitudes, con muchos colores y promesas. Y terminamos haciendo lo que hemos tratado de evitar: alimentamos al ego y éste ¡termina inflamado de tantos poderes!

En el camino espiritual, no debemos perder de vista el único propósito detrás de cada aprendizaje: ser más amorosos con nosotros mismos y los demás , y buscar la paz más allá de todas las aparentes barreras.

Para eso, debemos discernir si realmente estamos en paz o permanecemos con nuestra mente anestesiada para no tomar responsabilidad y evitar sufrir. Si creemos en la túnica que nos ponemos pero no nos atrevemos a vernos. O, simplemente, si llevamos una disciplina como un hábito más, sin incorporar hábitos más amorosos o evitando profundizar en nosotros mismos, más allá de los estudios. Esto, lejos de despertar nuestra espiritualidad, nos lleva a la arrogancia espiritual, creyendo que hemos encontrado lo que buscábamos cuando hemos errado el camino.

La verdad, la paz y el amor no tienen un lugar ni existen como tal, en nada ni en nadie. Se manifiestan de diferentes maneras, pero ninguna de esas formas son una conclusión. Sencillamente porque no tienen forma. Y por eso no podemos llegar. Son un camino, no un destino.

Pero también es bueno saber que en este camino nadie se pierde, quizás nos podemos demorar.

La vida tiene su propio regulador y nos pone en nuestro sitio cuando erramos el camino. Al principio, nos lo muestra gentil y generosamente. Y si no lo podemos ver, sigue insistiendo de una u otra manera hasta conseguirlo. El primer aviso siempre es claro: perdemos la paz tratando de defender ideas espirituales.

Otras veces, sucede que nos creemos especiales después de recibir un diploma y nos auto-titulamos maestros, o aceptamos ese rol cuando otros nos llaman de esa manera. En el fondo, somos niños necesitando algún juguete para sumarnos al juego del mundo, para alivianar el ego que sufre por no sentirse importante.

Es importante observarnos periódicamente y vigilar las pretensiones del ego. Dejarlo que juegue, pero que nunca tome el control de nuestro camino de descubrimiento espiritual. ¿Para qué demorarnos?

31

Encontrar nuestro propósito de vida

¿Cuál es el propósito de mi vida? Esta es una pregunta común entre quienes asisten a mis seminarios.

Y una pregunta necesaria e imprescindible para nuestra evolución como seres humanos, porque en su respuesta encontraremos la razón por la que hemos, como alma, encarnado en este mundo con todo lo que esto ha implicado. Pero es en la respuesta donde usualmente nos perdemos, nos vamos por las ramas y terminamos fuera del árbol, en el aire, porque esperamos una respuesta muy profunda, muy mística o que tenga un contenido muy espiritual. Lo cierto es que la cosa es mucho más sencilla.

Hemos venido al mundo a hacer lo que nos hace felices. Por lo que una pregunta directa sería ¿qué es lo que nos hace felices hacer? Recuerdo que cuando vendía zapatos, me hacía feliz poder asistir a los clientes en lo que realmente necesitaban, que era atención, además de uno o varios pares de zapatos. Lo mismo ocurrió cuando trabajé en un restaurante y en tiendas. Hoy, lo que tengo para ofrecer son libros y palabras de entendimiento, pero lo que me hace feliz sigue siendo lo mismo, poder asistir a quien tengo frente a mí con lo que puedo hacer en ese momento. La asistencia al otro a través de la escucha para devolverle un comentario comprensivo ha sido el eje de mi felicidad a la largo de mi vida.

Tengo claro que mi propósito en la vida es asistir a otros, escuchándolos para devolverles un comentario que los haga sentirse más claros y comprendidos. Sea que quieran un par de zapatos o solucionar un problema de su vida. No es una profesión, no es una tarea en particular lo que vinimos a hacer.

Si le tratamos de dar una forma externa, quizás demoremos demasiado o nos vamos a frustrar porque no podemos lograrlo.

La pregunta es más simple: ¿Qué te hace feliz hacer? Y te darás cuenta que, en alguna medida, ya lo estás haciendo.

32

Sobra tecnología, nos falta amor

Me confieso seguidor de lo que la tecnología nos ofrece. No tengo todo lo que aparece en el mercado porque es sencillamente imposible e innecesario. Más innecesario que imposible.

Pero, aún cuando siento que estamos en una era que sólo estaba en sueños cuando era niño, donde podemos vernos en las pantallas de los teléfonos y conectarnos desde el medio de las montañas, creo que como seres humanos hemos evolucionado más lento que la tecnología.

Entre las noticias que recibo en mi teléfono, a todo color y con pantalla retina, hay cada vez mas titulares de los crímenes que parecen fueran de la época de piedra, donde un hombre mataba a otro indiscriminadamente, así porque si. Me entero de los políticos dirigiendo países al estilo imperial y las economías a punto de quiebre como si viviéramos en un mundo sin recursos.

Y me doy cuenta que no puede ser la tecnología lo que defina nuestro avance, sino la capacidad como seres humanos de ser mas humanos y, quizás, menos definidos por la tecnología.

Estoy seguro que si los jóvenes suicidas tuvieran más amigos reales, tendrían también menos lugar en sus pensamientos para el miedo. Quizás los seres humanos podríamos levantar la mirada de las pantallitas para darle un vistazo a quienes nos rodean. Para conectarnos. Conectarnos de verdad.

Al mundo le está faltando amor. Confío plenamente en que cuando una persona puede sentirse amada, se caen las ambiciones desmedidas y la violencia.

Por eso, esto no intenta ser más que una invitación para que pongamos en orden nuestras prioridades. Si queremos un mundo mejor, empecemos por abrir el corazón y cerrar, al menos un ratito, nuestra tableta.

33

¿Por qué a algunos se les da más fácil que a otros?

Hacer esto para lograr aquello. Si no lo logro. Hacer otra cosa para lograrlo. Y no lo logro. Entonces redoblo esfuerzos y sigo haciendo. Insisto, me canso. Finalmente llego. Si es que llego.

Esta es la descripción humana de cómo provocamos que en nuestra vida pasen cosas. Que pase aquello que deseamos y, si se puede, de la manera que lo deseamos. Pero si lo intentamos tantas veces y no llegamos, algo debe estar fallando. Y posiblemente seamos nosotros.

¿Por qué a algunos se les da más fácil que a otros? Es la pregunta del millón. La pregunta que nos repetimos cuando vemos que la suerte pasa de largo y se estaciona en la casa del vecino. Y que nosotros la seguimos llamando, pero... ¡sigue equivocándose de dirección!

La respuesta es que aquello que llamamos suerte, que en realidad es que nos ocurra lo que queremos de la manera más fácil y rápida posible, está más relacionada con lo que somos y menos con lo que hacemos.

Ambas son importantes, pero el ser impacta en nuestro destino mucho más que el hacer. "Es que él se la cree", puede ser una frase popular que sintetice este proceso.

La prosperidad persigue a los que se saben prósperos, más que a los que trabajan mucho, ahorran y hacen...y hacen. Las posibilidades se les muestran a aquellos que se sienten poderosos y cómodos con quienes son, y se alejan de los que piensan que dependen de conocer a tal persona, tener tal diploma o de ponerse de cabeza, es decir, hacer todo lo que tenga que hacer para conseguirlo.

Si queremos hacer algo, comencemos por ser lo que queremos tener. En creernos la historia antes de verla realizada. En encarnar nuestro propio sueño. Y luego, hagamos el resto. Pero ya con el camino abierto.

Y, finalmente, muchos te dirán que en la vida tienes suerte.

34

¿Es posible el amor incondicional?

¿Es posible alcanzar la conciencia del amor incondicional? Vamos a decirlo así: ¿Es posible que pueda amar todo lo que me pasa, lo que no me gusta y la gente alrededor, especialmente los que no me caen bien?

La respuesta es un sí. Definitivamente sí, pero no todavía...

Y aunque parezca ser una cuestión de tiempo, no lo es. El tiempo, en sí mismo, no tiene valor para nuestra evolución espiritual. Nuestro cuerpo es el que madura con el tiempo, pero no nuestra conciencia. La evolución ocurre cuando decidimos dar un paso más hacia el amor. Y eso puede ser cuestión de unos segundos... o varias vidas.

Para comenzar a despertar el amor incondicional deberemos dar un paso anterior: purificar el amor condicional en el que todos estamos atrapados de una u otra manera.

Te quiero, pero... Me quiero, pero...

Lo que queremos cambiar de los demás o de nosotros mismos, con cierto capricho, nos hace saber que aún estamos condicionando la forma en que queremos ser amados. "Si cambias, si te vas o si vienes. Si cambio, si voy o si vengo". Allí es donde vamos transitando en el proceso de abrirnos a una conciencia que nos lleve, eventualmente, al amor incondicional.

Creo que en el fondo, aunque mucho pregonamos, meditamos y hacemos todo lo posible para amar incondicionalmente, realmente no deseamos llegar allí todavía. Nos hemos hecho la idea de un amor incondicional tan etéreo que no nos parece atractivo todavía. De una u otra manera, el drama parece ser un combustible que necesitamos.

Por lo tanto, dejemos a un lado la idea del amor incondicional como tal y pongamos los pies sobre la tierra. No busquemos el amor incondicional. Ya llegaremos a él. Hagamos algo mucho más práctico y útil para el mundo en este momento: antes de hablar, de hacer algo o de pensar en alguien o nosotros mismos, observémonos y comprometámonos a hablar, hacer o pensar lo más amoroso que podamos en ese momento. Quizás no sea la versión más luminosa del amor, pero es el máximo que podremos dar. Y el suficiente para ponernos en marcha...

No busquemos el amor en el cielo, en las estrellas, ni en los iluminados. Bajemos la cabeza con humildad y lo busquemos en nuestro corazón... ¡Y compartámoslo! Porque hasta que no comenzamos a ofrecerlo, no sabremos que ese amor que buscamos en tantos lugares, estaba allí, esperando que le abrieran la puerta.

35

Las cadenas del dolor

El dolor es energía. Una mezcla de pensamientos y emociones que, al no ser liberados, quedan en nuestro cuerpo haciendo que la energía deje de fluir y nos vaya contaminando. Ese es el dolor. Pero esas energías – pensamientos y emociones – no sólo contamina nuestra historia sino que comienza a crecer y así va creando una cadena de dolor.

El dolor que heredé de mis padres, lo heredo a mis hijos, lo comparto con mi pareja, mis amigos o compañeros de trabajo. Y así voy creando una cadena de dolor. Cuando esto pasa, sentimos que perdemos la posibilidad de transformarnos y llevar ese dolor se hace parte de nuestra personalidad.

¿Qué hacer? Identifiquemos el dolor y definámoslo. Démosle un nombre e identifiquemos qué pensamientos y emociones están relacionadas con él. Busquemos a quienes han sostenido un dolor parecido en nuestro entorno. Quizás debamos recurrir a los recuerdos, especialmente de la etapa infantil, ya que tenemos la tendencia a "copiar" la energía de nuestros padres o de las personas con que hayamos convivido más tiempo en los primeros años de vida.

Luego, identifiquemos a quienes les estamos transmitiendo ese dolor, hoy. Pueden ser personas a las que les reclamamos atención, con quienes mantenemos un conflicto, aquellas que hemos convertido en víctimas o de las que quizás nos hayamos victimizado.

Así, podremos ver qué parte ocupamos de esta cadena.

Y, lo más importante, al liberar a la persona que manteníamos atada, romperemos la cadena. Y energéticamente esto impactará en los eslabones inmediatos. Es decir que liberando es como nos liberaremos.

36

Todos somos intuitivos

Todos somos intuitivos. Pero no todos hemos despertado la intuición. Y de los que la hayamos despertado, no todos le prestamos atención. Y de los que le prestamos atención, no todos hacemos lo que la intuición nos dice.

Pienso que éste es el momento de comenzar a usar nuestros propios recursos para tomar decisiones. Ya hemos comprobado que la razón, por sí sola, no nos lleva muy lejos... ¡Y hasta nos mete en cada problema...!

Por su lado, la intuición siempre ha estado allí. Cuando nos acercamos a alguien y le decimos algo de lo que nos sorprendemos, cuando llegamos a una conclusión sin haberla razonado tanto como lo sabemos hacer o, simplemente, cuando decidimos algo "porque sí", sin saber muy bien por qué.

Es importante re-descubrir la intuición para la vida diaria. Ella no nos conecta con un pensamiento inteligente, sino más bien con la sabiduría. ¿Quién no querría tener una respuesta sabia cuando la necesita? Pues, está en nosotros y la intuición la deja ver.

Para familiarizarnos con ella, primero debemos ejercitarla. Y como una de las paredes que le ponemos a

la intuición es el pensamiento racional, comenzaremos a "sentir" las opciones, evitando racionalizarla.

En mi caso, si tengo que decidirme por una opción, generalmente lo hago por aquella por la que siento paz. Por supuesto, no dejo de escuchar a mi mente, pero la decisión la tomo luego de "sentir" las opciones. Y voy por la que se siente mejor. Cuanto más nos conectamos con estas sensaciones, la respuesta se hace cada vez más obvia.

Al ir comprobando que aquello que decidimos guiados por la intuición nos llevó a un buen lugar, despertaremos la confianza para "escucharla" directamente. Y para eso, necesitamos silencio en la mente. No necesariamente alrededor, pero en nosotros, con el cuerpo y la mente más relajada de lo habitual.

No es necesario ningún estado trascendental para recibir sus mensajes. La naturaleza puede favorecernos. Salir a un lugar abierto, respirar profundo varias veces para "desintoxicarnos" de pensamientos densos y quedarnos en silencio.

Luego podemos hacer una pregunta específica y esperar una respuesta, o simplemente observar lo que nos llega y prestar atención a esa información.

Sí, así de sencillo. En ego, todos somos diferentes. Pero en espíritu, todos tenemos las mismas condiciones. ¡A trabajarlas!

37

Cuando la comida es amor

La relación entre la comida y mi cuerpo ha sido un punto de stress en mi vida desde la adolescencia. En algunos momentos más disimulada, en otros muy evidentes, pero la comida y mi cuerpo habían sido motivo de premios y castigos. Nunca de paz.

Desde hace algún tiempo comencé a mirar esta historia con otros ojos. Con la mirada del amor, en lugar de la de mis juicios. Y comenzó una nueva historia que ahora estoy transitando, de aceptación y trabajo interior, la que me llevó a lograr lo que siempre había querido, pero de una manera diferente. Comer y hacer ejercicio dejaron de ser una tortura para transformarse en una manera de disfrutar mi vida.

Y en este camino, tuve algunos "darme cuenta" que quiero compartirles:

Que tratamos de guardar, disimular o cubrir nuestros miedos con comida, sobre todo el miedo a ser nosotros mismos.

Que el primer paso es aceptar que el problema no está en el nivel del cuerpo, de la alimentación, sino en un nivel menos perceptible, el de nuestra mente

y nuestro espíritu. Son razones emocionales y psicológicas que están escondidas detrás de nuestra urgencia por llegar a la heladera y sentir el gusto de nuestra comida favorita, o la que tengamos a mano. Buscando sentir algo más fuerte que el miedo que no queremos experimentar, quizás porque ni siquiera lo conocemos.

Que el cuerpo es neutral, es solo un efecto. No solo en lo que comemos, sino de la relación que tenemos con nosotros mismos. El cuerpo sostiene miedo o deja fluir amor. Y entenderlo nos llevará a ocuparnos de lo que realmente hará que nuestro cuerpo nos encante, tanto como nos encantamos de ser nosotros mismos. Darnos cuenta que el cuerpo es el efecto, no la causa, esa es la idea. Y sobre la verdadera causa es que debemos trabajar.

Que si nos desconectamos del amor, comenzamos a sentir miedo, y sin saberlo, buscamos otra vez la experiencia del amor...pero a través de la comida. Buscamos algo que creemos que podemos controlar. Desde ese momento, hemos buscado lo que necesitamos, pero en un camino que no nos lleva hacia la solución. Le terminamos pidiendo a la comida y al cuerpo, lo que sólo el amor puede darnos. Y así, entramos en una historia de sacrificio. El sacrificio que es el argumento de supervivencia del miedo. Y nos sacrificamos con dietas y ejercicios que exigen al cuerpo más de lo que puede dar, y terminamos maltratándonos...cuando lo que buscábamos era amor.

En este punto, estamos presos de una historia que no logrará satisfacción ni siquiera cuando estemos delgados, porque al alcanzar el peso que nos proponemos, tememos perderlo. Y, si no lo perdemos, vivimos con sacrificio, martirizándonos cada vez que un plato de comida se cruza frente a nosotros, comiendo lo que no tenemos ganas, siendo víctimas en cada fiesta donde haya comida... y perdiendo la paz, para seguir ganando peso.

38

Convivir con la incertidumbre

Vivimos días de incertidumbre. Mucha incertidumbre.

Los cambios que ocurren a nuestro alrededor van más rápido del tiempo que demoramos en procesarlos. Y cuando todo parece estar bajo control... vuelve a cambiar. La incertidumbre ya es parte de nuestra vida diaria y debemos aceptarla o nos robará la paz.

Una de las razones por las que no podemos convivir armoniosamente con este titubeo constante de la realidad es por nuestra caprichosa necesidad de estar mirando hacia el futuro. Estamos esperando que las cosas cambien, que se mantengan, que crezcan, que suban, que bajen o que terminen. Pero esperamos, siempre esperamos algo. Y nos olvidamos de mirar el presente, el único espacio donde la incertidumbre puede encontrarse con la paz.

Trabajamos para lograr resultados, pero llevamos toda la atención a los resultados y no disfrutamos de lo que nos pasa. O vivimos tratando de entender todo lo que sucede y para lograrlo, rebuscamos en el pasado, el único lugar donde es posible encontrar información para intentar entender el presente. Pero a veces, ni siquiera el pasado nos da razones para entender el presente. Y el titubeo sigue. Y no estamos en paz.

En estos días intentemos no perdernos en diseñar con exactitud nuestro futuro, ni de entender todo lo que nos pasa. En su lugar, dejemos que nuestro propósito sea estar en paz con lo que sucede, en este momento, ahora. Y la incertidumbre ya no será una amenaza.

Lo lograremos cuando podamos conectarnos con lo que tenemos y no con lo que nos falta, con lo que nos sucede y no con lo que ocurrirá, con quien estamos compartiendo y no con quien esperamos que llegue. Conectarnos con lo que ocurre hoy, ahora, en este momento. Esa es la puerta para encontrar la paz.

Y cuando estemos en paz, veremos las cosas de otra manera.

Sí, respiremos...

39

Las dos verdades

Cuando nos aquietamos y hacemos silencio, podemos distinguir dos verdades. La nuestra y la del mundo.

Cuando se parecen, es que quizás aún no tenemos nuestra propia verdad y se la hemos pedido prestada al mundo. **Pero el silencio nos empezará a mostrar nuestra verdad.**

Si ya la hemos descubierto. Si podemos reconocer lo que "es" y "no es" para nosotros, el silencio hará más clara esa distancia. La pondrá al descubierto. Y ver la distancia entre nuestra verdad y la del mundo nos impulsa a volver a elegir, esta vez con mayor conciencia.

A veces el miedo nos llevará a tratar, a los empujones, de acercar las dos verdades. Hasta que nos cansemos de hacerlo y aceptemos que entre nuestra verdad y la del mundo puede haber una distancia. Y aprendamos a vivir con ella.

40

Encontrar el balance

¿Lo externo o lo interno?

Creo que éste es el dilema que se presenta en el camino espiritual. ¿Debo renunciar a las cosas materiales y al mundo externo?

Equilibrio. Ése es el desafío del camino espiritual. **El interior necesita del exterior porque lo de afuera hace visible lo que llevamos dentro.** Y el escenario para vivenciar ese mundo interno esta fuera de mí. Y el exterior necesita de lo interior, porque allí está su centro. Uno y otro son de igual importancia.

El dejar de lado la vida interior hace que siempre nos falte algo, aun cuando físicamente lo tengamos todo. Y cuando ocurre lo opuesto y somos demasiado introvertidos, siempre encontraremos algo que nos sobra. Una cosa, una persona, algo terminará por molestarnos. El caso es que en ningún momento encontraremos la paz que buscamos.

Los extremos son siempre peligrosos y nunca satisfacen. Quienes van a los extremos, el que sea, siempre fracasan porque allí no está lo que buscan. **Entonces, cuando hayamos perdido la paz, observemos en qué extremo**

estamos. O nos hemos dejado llevar por un encanto externo o hemos anidado en nuestro interior. En definitiva, hemos perdido el balance.

La elección entre lo externo y lo interno es un dilema de nuestra mente porque Dios lo es todo, lo interno y lo eterno. Uno es producto del otro y ambos son importantes y necesarios para alcanzar nuestro máximo potencial en este planeta.

41

Ahora, en este momento

No importa lo que estemos sintiendo, ya sea tristeza o frustración, si nos entregamos a ella, experimentaremos que, lejos de crecer, comienza a perder fuerza hasta que se desvanece. No significa alimentarla. Sino, simplemente, dejarnos sentir.

Sucede que la mente es la que ha traído una tormenta de pensamientos para que la tristeza llegue. Y la mente se alimenta recordando algo del pasado o especulando sobre el futuro, temiendo por lo que recuerda o imagina. Pero en el presente la mente no tiene mayor fuerza.

En el presente, es la conciencia la que actúa. Y la conciencia tiene la capacidad de observar sin involucrarse emocionalmente porque no enjuicia, no toma partida. No usa el pasado para sufrir, ni el futuro para especular. Acepta lo que hay, tal como es.

Por eso, cuando sintamos malestar, llevemos la atención hacia lo que sentimos, lo que estamos haciendo o el lugar donde estamos. Contactemos con el presente. Con lo que está pasando ahora, en este momento... Con lo que estamos sintiendo.

Y mientras más cerca estemos del presente, más lejos estaremos de la tristeza.

42

El camino más simple

Estaba tratando, hasta con los dientes, de abrir un paquete de galletas. Pero por mucho que insistía, no encontraba la manera de romper el envoltorio. Estaba en casa de una amiga y ella, más acostumbrada a lidiar con estas cosas que yo, me dijo: "Los paquetes están diseñados para que abran fácilmente. Si no lo puedes abrir, es porque no lo estás haciendo del modo correcto. Lee las indicaciones; es más fácil de lo que piensas".

Aquello fue una doble lección. Desde aquel día busco la marca por donde se indica hay que abrir los envoltorios. Pero la lección más grande fue la que pude llevar a la vida: si algo no abre, me cuesta mucho o es demasiado complicado, es que no estoy yendo por donde es. No es con sacrificio y estrés que se logran las cosas, sino con paciencia hasta encontrar la manera y luego decisión para hacerlo.

Por lo tanto, cuando algo se complica, no insisto haciendo lo mismo. Simplemente reconozco que no es el mejor modo de hacerlo, y busco otra alternativa.

Porque el problema nunca está en el paquete, sino que a veces tratamos de abrirlo sin haber leído las instrucciones.

43

Las mentes sencillas
atraen maravillas

Me gusta caminar las librerías. Realmente no leo mucho, pero soy tan feliz andando por ellas como cuando voy a un centro comercial y me entretengo viendo vidrieras sin tener que comprar lo que me gusta. Voy sección por sección revisando las tapas, leo algunas frases de los libros que me llaman la atención y sigo. Y en estos paseos bibliotecarios me viene llamando la atención lo bien que se ha explotado la famosa Ley de la Atracción. Creo que ni Connie Méndez sospechó que de lo que tanto habló en sus días, hoy daría para esta cantidad de páginas que prometen que atraeremos lo que deseamos. ¡Y es verdad!...Pero una verdad tan simple, que para justificar tantas páginas de tantos libros la han complicado demasiado.

Aquí, trataré de sintetizar en un párrafo lo que debemos tener en cuenta sobre esta ley, la más popular de todas:

Atraemos vibracionalmente lo que pensamos y sentimos. Pero especialmente lo que sentimos. Cuando los pensamientos y las emociones están a punto ideal de manifestación, se refleja en nosotros en una sensación de paz (suma de certeza, claridad y alegría). Si es así, entonces, no tratemos de manipular tantos pensamientos y emociones que, de tanto intento, terminaremos por frustrarnos. Mejor, tratemos de simplificar nuestros pensamientos (no nos enredemos tanto en analizar y especular) y trabajemos más con el agradecimiento para que las emociones fluyan naturalmente desde la aceptación y la confianza. Y el proceso será no solo más simple, sino que eventualmente también será más rápido.

Lo pondré aún más simple. La mentes sencillas atraen maravillas; la mentes complicadas, aunque tengan la mejor instrucción, las alejan.

Como lo compartí en el libro Abundancia, Vivir sin Miedos: "Vivir con paz interior es la condición más importante para experimentar abundancia". Y el que quiera complicarlo, ¡que escriba otro libro sobre la ley de la atracción!

44

El momento de soltar

Usualmente, cuando el tiempo lo permite, terminamos una de las jornadas de los Spiritual Boot Camp al lado del fuego. El fuego siempre libera, limpia, inspira. Hoy les compartiré lo que el fuego me ensenó.

Estábamos tratando de encenderlo y, luego de varios intentos, no teníamos éxito. Recordé lo que mi padre hacía para que las llamas tomaran fuerza. Había que soplar intensamente. Pero como ésta era una fogata, lo hicimos con cartones. Echamos viento hasta cansarnos pero el fuego no encendía. Hasta que, en el momento de dejamos de insistir, salieron las primeras llamaradas.

Entendí que la energía creadora funciona de la misma manera... porque en definitiva ¡es la misma energía! **Cuando queremos encender algo nuevo en nuestra vida, debemos insistir, poner toda nuestra energía y empeño, pero sólo cuando soltamos podemos ver cómo se manifiesta.**

Así como el fuego necesita de nuestra participación, pero no toma fuerzas hasta que dejamos de hacerlo, así debemos hacer todo lo posible si queremos algo, pero recordar que cuando ya estamos haciendo demasiado... es el momento de soltar.

Porque hay un tiempo para hacer y otro para dejar de hacer.

Primero hacemos nuestra parte y luego Dios completa la suya.

45

El camino que nos lleva a la paz

A veces buscamos en la espiritualidad una manera de vivir libre de errores, tratando de asegurarnos el bienestar de por vida y especulando que si seguimos tal o cual filosofía, o alguna práctica espiritual, sólo va a ocurrir lo bueno.

Quienes crecimos y nos educamos en alguna religión pensamos incluso que le agradaremos a Dios y él nos devolverá una buena vida si hacemos lo que creemos que él quiere. Y si bien esta forma de pensar no es negativa, pone a Dios en un lugar negativo. ¿Queremos decir que si no hacemos tal o cual cosa Dios se enfurecerá y nos castigará?

Obviamente, en ese caso, hemos caído en una trampa. Una trampa sagrada, pintada con colores de divinidad, pero no deja de ser una trampa. Y trampa y Dios son sencillamente opuestos.

Debemos estar claros que nuestro despertar espiritual no consiste solamente en generar cosas buenas, positivas y amorosas. Sino en transformar en bueno, positivo y amoroso todo lo que la vida nos trae. Todo. Sí, todo, pero especialmente lo que nos quita la paz. No deberíamos poner las experiencias negativas, dolorosas o incómodas fuera de nuestro camino espiritual. Sino, simplemente estaremos soñando, hasta que eventualmente despertemos para darnos cuenta de la verdad. O llegará alguien y nos despertará.

¡Estamos en el mundo para experimentar! Experimentar todo lo que la vida nos ofrece. Y de todo lo que nos ofrece, discriminar, no entre lo que nos llega, sino qué vamos a hacer con lo que nos llega. Si vamos a aumentar nuestro drama y, en consecuencia, el miedo, o si usaremos esa experiencia para encender la luz y ver que, más allá, el camino sigue. Y para que siga, debemos vivir lo que nos pasa, para que pase...

Experimentar lo que nos llega, celebrar lo bueno y ser más compasivos ante lo difícil. En eso consiste el camino espiritual. Al menos, el que nos llevará a experimentar la paz que buscamos.

46

Cada encuentro, una oportunidad

Estoy convencido que a través de las relaciones nuestra vida se va modificando. A veces para avanzar, cuando alguien confía en nosotros, o para detenernos, si es que hemos sido atacados y nos quedamos frustrados con eso. Pero creo que deberíamos estar más atentos a las relaciones en general, porque pensamos que sólo tienen poder aquellas que llamamos importantes, como las de pareja, las familiares, la de los amigos o las del trabajo. **Cuando en realidad, en cada encuentro que tenemos, con cada persona que cruzamos nuestra energía, estamos posiblemente modificando la nuestra y la del otro. Por eso, todos los encuentros tienen valor.**

Quizás hay cosas de mí que no puedo ofrecerlas en mi familia, como la tolerancia, pero la tengo con alguien que ocasionalmente me cruzo en una tienda. O al revés.

Lo cierto es que cada persona con la que comparto un momento de mi vida, es una oportunidad para aprender más de mí, para confrontar mis miedos y mis limitaciones.

Igualmente estamos afectando a otras personas con nuestra presencia. Quizás nos encontremos con alguien que no se ha

permitido recibir amor en su círculo familiar, pero una palabra amorosa de nuestra parte en un encuentro ocasional, en
el supermercado, en el trabajo o en una reunión social, puede
recordarle el valor que tiene.

**También me he dado cuenta que nuestras mascotas
pueden ser un espejo para nuestros miedos o para el
amor. Si pudiéramos observarnos en relación con ellos
estoy seguro que no demoraríamos en darnos cuenta
dónde tenemos puesta nuestra energía ese día.**

No dejemos pasar ninguna oportunidad para reconocer nuestros miedos y darnos la posibilidad de transformarlos en una
actitud más amorosa. Todo el tiempo, con todas las personas,
en cada encuentro, tenemos la oportunidad de sanarnos ofreciendo amor.

47

Y esto, ¿tiene que ver conmigo?

No, no todo lo que nos pasa es nuestra creación. Hay muchos factores y varias conciencias interactuando en el mundo para asumir tamaña responsabilidad. Pero esto no implica que dejemos de asumir que somos 100% responsables de lo que nos pasa. De sus consecuencias, no de su creación.

A menudo me encuentro con personas que llegan a los seminarios y me comentan con frustración:

-"¿En qué me equivoqué?... ¿Porque perdí mi trabajo? En que estuve pensando que provoqué esto en mi vida. Si estaba dando lo mejor de mi..."

"No todo lo que ocurre en nuestra vida es nuestra creación personal. Tu responsabilidad, en este caso, es generar frustración o compasión con lo que ocurrió, porque en este momento solamente eso está bajo tu control", le respondí.

Entre tantas fórmulas de pensamiento positivo, nos hemos olvidado que no todo está bajo nuestro control. Hay catástrofes naturales que nos afectan, accidentes de tránsito, pérdidas de trabajo o nuestra pareja que decide terminar la relación. Situaciones caóticas de las que nos toca participar, pero que no hemos provocado directamente. ¿Cómo podríamos ser tan injustos en provocarnos tanto mal?

Por supuesto, también hay situaciones que claramente provocamos, pero no estamos hablando de ellas.

Hablamos del dolor, de las pérdidas y algunos conflictos que llegan sin avisar. Todos son parte de la dimensión que hemos elegido vivir y también son herramientas para nuestra evolución. Y asumirlos como parte del juego de la vida, no como un error, nos liberará y nos devolverá la paz.

Cuando enfrentemos una situación que nos resulte difícil sostener, no usemos la culpa para castigarnos por su llegada. Mejor recordemos que hemos venido al mundo a experimentar nuestra humanidad, y para lograrlo, no necesariamente debemos dejar de equivocarnos, sino más bien aceptar amorosamente los errores.

Porque no nos iluminaremos alcanzando la perfección, sino siendo más amorosos con nosotros mismos.

48

El perdón es posible

El perdón es un proceso. Quizás esta sea una verdad que debemos tener presente cuando decidimos perdonar si queremos aliviarnos de esa angustia incómoda que nos llega cuando queremos perdonar...pero no podemos. Puede que ocurra en un momento, pero esto no es lo habitual. Desarmar algo suele llevarnos menos tiempo que el que dedicamos a construirlo, pero igualmente toma su tiempo. Podemos tirar todo abajo con un golpe, pero el caos que originaría no nos aportaría paz. Y tendríamos algo más con lo que cargar.

El perdón conlleva una sucesión de momentos en los que nos vamos liberando de los juicios, de la ira, de la necesidad de que las cosas hubieran sido diferentes, en el que aceptamos que no pudimos hacer nada más en ese momento, que lo que ocurrió fue tal como ocurrió, y que los que nos mantiene enojados, en el fondo, es nuestro ego herido que no resiste haber perdido una batalla, que no pudo imponer su razón o que las cosas no fueron como las tenía previstas.

Y, claro está, en esta dimensión donde reina el miedo, liberarnos de él en todos estos formatos nos toma un tiempo. No mucho, pero el suficiente para asegurarnos que estamos liberando el miedo y no maquillándolo con otros colores que nos molestan menos, pero que seguirán allí, maquillados.

De todas las lecciones que tenemos que aprender como seres humanos, pienso que el perdón es la más importante, por eso nos cuesta tanto. **Una vez que podemos perdonar, la compasión, la humildad, la tolerancia y hasta la paciencia se hacen posibles.**

Y otra verdad también muy importante para tener presente de antemano: el perdón es una elección. No podemos perdonar a la fuerza, ni por conveniencia, ni a pedido de nadie. Perdonamos cuando honestamente lo deseamos hacer, cuanto estamos listos y cuando entendemos, de verdad, que es la mejor opción. Perdonamos cuando estamos deseosos de estar en paz, más allá de todo.

49

¿Cuál es la terapia que funciona mejor?

En este camino de crecimiento personal, he encontrado muchas, muchas terapias y terapeutas con resultados tan variables que me hice una pregunta que muchos se hacen. Finalmente ¿Cuál es la terapia o el terapeuta que funciona?

He visto como algunas terapias han ayudado a personas a identificar sus miedos y ayudarlas a sanar, y la misma terapia lograr escasos resultados con otros. ¿Es la terapia? Igualmente, he conocido a terapeutas que particularmente me han "abierto los ojos" en un momento dado y al regresar no pudieron aportar demasiado. ¿Es el terapeuta?

Concluí que, en realidad, lo único que nos hará identificar y liberarnos de algún miedo, salir de un momento de caos, entender y comprender lo que estamos viviendo o perdonar, es la voluntad de quien lo necesita y su profundo deseo de estar en paz.

Solo cuando tenemos ese deseo auténtico y no negociable de estar en paz, de liberarnos, en ese momento, todo comienza a "caer en su sitio". Y si necesitamos ver algo del pasado, quizás tengamos una regresión espontanea para identificarlo.

Si queremos auténticamente perdonar a alguien florecerá de nuestro corazón una compasión no conocida hasta ese momento. O si deseamos dar un paso y estamos llenos de miedo, si realmente lo queremos dar, podremos vencer el miedo sin darle demasiadas vueltas. Y si necesitamos un terapeuta de guía, atraeremos el indicado para lograrlo. Y si necesitamos información, seguramente llegará un libro, recibiremos un email o participaremos de alguna conversación en la que "justamente" están hablando de lo que necesitamos saber.

Así, cada vez que una terapia, un terapeuta o un libro no parecen estar dando resultados, me pregunto ¿realmente quiero estar en paz con esta situación?

50

Más lento. Vayamos más lento...

Más lento, más lento...Siento que ése es el mensaje que me ha venido dando mi cuerpo en estos días. Mientras más se mueve el mundo alrededor, con cambios inevitables y repentinos, más quieto quiero estar para no marearme. Si corro detrás del tiempo, no lo alcanzo. Creo que lo mejor en este momento es detenerme y observar.

A veces, cuando todo ocurre rápidamente, lo mejor que podemos hacer es "hacer nada". Seguro aparecen los reclamos del ego con la culpa, los "debería" y "tendría". Pero cuando nuestra paz no es negociable, nada que nos la quite puede ocupar nuestra atención.

Las variables del tiempo se hacen cada vez más cortas. Lo que antes demorada unos meses, ahora parece armarse y desarmarse en unos pocos días. Lo que tomaba días, ahora ocurre en horas. Y, contrariamente, lo que queremos que ocurra aceleradamente, se desenlaza sin ninguna prisa.

El tiempo nos está dando una lección, nos está ayudando a ver de cerca nuestra ansiedad, nuestra urgencia y la resistencia a aceptar las cosas como son.

Y no nos deja escapar del aprendizaje, porque nos deja atados a la impotencia, la rabia o la desesperación para que lo sintamos y nos rindamos.

¡Eso!, rendirse es la palabra que siento como llave para permanecer en paz en estos días. Atestiguar lo que siento, meditar, hacer silencio, poner la atención más adentro que afuera. Y respirar...

51

Aceptar, aceptar, aceptar.

Conversaba con una amiga sobre su pareja y me decía: "Quiero que él cambie, que mejore su manera de ser, que sea más amable". Creo que le faltó decir: "que se parezca más a mí..."

Y es cierto, mi amiga es amable y correcta, según sus principios, en su manera de vivir. Pero creo que desearle bienestar a otra persona se contradice con la idea de corregirlo.

Le dije: **"Si quieres ayudarlo, no le des consejos. Más bien, ámalo y respétalo como es. Eso lo hará una persona más completa, porque tu amor lo engrandecerá. Cuando se sienta más querido, seguro podrá será más amable contigo".**

Muchas veces quedamos atrapados en la idea de que un acto de amor consiste en enseñarles a los demás lo que deben hacer, como deben mirar la vida y sus problemas.

"Es que lo quiero tanto, que quisiera verlo bien", me había dicho ella. "Y, justamente, –le recordé- estás haciendo todo lo posible para que no sea así".

Escribamos esta palabra en nuestra agenda, la puerta del refrigerador, la mesa de noche, guardemos una nota en la billetera y escribámosla donde sea que haya un espacio vacío: ACEPTAR.

Aceptar, aceptar, aceptar...

La aceptación activa el amor y el amor transforma.

Cuando algo o alguien no nos guste y nos tentemos a cambiarlo, dejemos que el amor haga ese trabajo.

Aceptemos, aceptemos y volvamos a aceptar. Hasta que veamos el milagro del amor que nació de nuestro deseo de aceptar las cosas o las personas tal como son. O, mejor dicho, de nuestra renuncia a tener razón.

52

Vivir solos, sin sentirnos solos

Vivo solo y soy soltero. Hasta hace algunas décadas, hubiera pensando que había caído una maldición sobre mí. Pero hemos evolucionado y hoy es mucho más sencillo de entender y aceptar.

Vivo en Nueva York, donde más del 30% de los apartamentos son habitados por una sola persona, y el resto, en sólo el 18% viven quienes se consideran parte de una familia tradicional. Es decir, un padre, una madre y al menos un hijo. Y estas cifras se repiten, con pequeñas variables, en las grandes capitales del mundo.

Los sociólogos tienen su teoría y los urbanistas otra. Pero detrás de todas ellas hay una realidad. **Los seres humanos hemos empezado a hacer las paces con nosotros mismos y en estos días, vivir solos no implica estar solos. Hemos aprendido a estar con nosotros mismos. ¡Finalmente!**

Cuando leo estudios que siguen este nuevo fenómeno, detallan que el vivir solo ha multiplicado la interrelación social. Es decir, que no nos apartamos del mundo, sino que creamos otro tipo de relaciones que seguramente tiempo atrás hubieran estado rezagadas para las eventualidades, como los amigos u otras relaciones más que, aun siendo ocasionales, hoy llegan a ser significativas. Por otro lado, se desmitifica el espacio donde vivimos como un templo familiar, para crear un espacio donde más personas son bienvenidas. O, en todo caso, hemos ido ampliando el concepto de lo que llamamos familia.

La intención de esta reflexión no es afirmar que vivir solo es mejor o peor que en una familia tradicional. Solamente, abrir una ventana desde donde hoy nos podemos observar desde un lugar diferente como seres humanos. Aprendiendo a sentirnos cómodos siendo, cada vez más, nosotros mismos.

53

Atrapados en la mente

Como sociedad tenemos una veneración tan grande por nuestra mente, por lo que pensamos, por lo que otros piensan, por expandir nuestra mente, que estamos atrapados en ella. Y ésta suele ser la razón fundamental por la cual los caminos espirituales pierden el brillo que deseamos que tengan.

Es natural que haya ocurrido así, ya que como recurso nuestra mente nos permitió evolucionar hasta este momento, pero ha llegado el momento de poner en primer lugar nuestro espíritu.

¿Cómo quedamos atrapados en la mente? Cuando seguimos analizando lo que ya pasó y volvemos importante un hecho que en sí mismo carece de tanta importancia y dejó de existir, porque ya pasó. También tratando de entenderlo todo, analizando cada detalle, tratando de tener razón, defendiendo razones o simplemente contando una y otra vez la misma historia.

¡Tanto nos identificamos con nuestra mente que hasta hemos llegando a pensar que Dios razona como nosotros! Más amoroso, pero con una mente racional como la nuestra...Y, obviamente, esto no es así.

Estamos en presencia de una transformación integral del mundo, donde cada día se revelan nuevas formas de todo lo que conocemos. Cambios que siempre han ocurrido en la evolución, pero con una velocidad inédita que nos obliga a soltar nuestra lógica aprendida.

No podemos soñar un nuevo mundo, y menos aún sanarnos, si no renunciamos a seguir usando la mente de la manera que lo hacemos. La mente que ha creado el sufrimiento, la crisis y el caos, no tiene la habilidad de sanar. Esta es la labor del espíritu. Y el espíritu obra fuera de la razón, en el silencio.

Practica en este momento. Cierra los ojos y dedica unos segundos a acallar tu mente y permitirte el silencio.

54

Lo que te pido, me lo daré

Es mi deseo que pronto en el mundo seamos más las personas que se valoren a sí mismas. Y me incluyo en esta lista.

Esto tendría una fuerza incalculable en cómo nos relacionamos, nos dirigimos a otros y nos tratamos a nosotros mismos. Porque cuando me valoro, dejo de exigir a los demás que lo hagan a través de las múltiples maneras que nos hemos ingeniado.

Manipulamos, queremos llamar la atención de muchas formas, ninguna exenta de drama y dolor, y hacemos todo lo posible para que nos den aquello que deberíamos darnos a nosotros mismos. Es decir, te reclamo a ti lo que no me doy.

Esto no significa que no me abra a recibir y, si es necesario a pedir lo que necesito. Pero si cuando lo exijo y no lo recibo me duele, ese dolor es señal de que estoy pidiendo en la puerta equivocada.

Hagamos hoy mismo una lista de todo lo que hemos pedido sin tener respuesta. De esas ocasiones donde nos hemos quedado en el enojo, la frustración o cualquier tipo de dolor. Y de esa lista, en silencio, reflexionemos sobre lo que nos estamos negando a nosotros mismos. Desde lo más simple, como más tiempo o más espacio, hasta el pecado más terrible que podemos cometer: pedirle a otros que nos valoren cuando aún nosotros no lo hemos hecho con nosotros.

Ya me imagino en una versión de mi personalidad que se siente completa, compartiendo sin exigir, dando sin esperar recibir. Estoy trabajando para eso. Esta es mi contribución para una mejor sociedad. ¿Te animas?

55

Con tanto pasado, no hay futuro

Tenemos un cierto idilio con el pasado. Nos gusta escuchar historias y recrearnos en ella. La nostalgia vende en todos los mercados, desde los muebles, los libros y los viajes hasta la música. Y nos pasa tanto a nivel personal como a nivel global. Por ejemplo, cuando tratamos de definir el destino de un país evocando lo que hizo un héroe en el pasado, un par de siglos atrás.

Digo esto porque aún escucho a líderes que se sostienen en el mensaje de los llamados próceres nacionales, de los que mucho se escribió pero poco se sabe. Quienes seguramente fueron héroes, pero en otras circunstancias y con otros propósitos. Y también escucho a quienes basan sus sugerencias a otros sobre lo que "deberían hacer" de acuerdo a la moral de una sociedad que hace varias décadas no existe en el planeta.

Tenemos temor a lo nuevo. Y ese temor nos lleva a repetir y repetir. De todas maneras, en este tiempo donde todo se acelera no nos está dejando margen para quedarnos atascados en el pasado.

Aclaro que no estoy negando que el pasado es parte del presente. Que nos define, que nos permite aprender y corregirnos, y que, en algún punto, vive en nosotros.

Pero si queremos evolucionar y permitirnos que los cambios nos lleven unos pasos hacia adelante, no podemos dibujar el futuro usando un plano que sirvió hace tantos, tantos años.

La invitación es a arriesgarnos, a mirar hacia adelante aún cuando no sabemos dónde pisar. Dejar de sostenernos en lo que funcionó para otros, en otro momento que en poco se compara con éste que vivimos, desde cómo queremos vivir nuestra vida, trabajar y alimentarnos hasta crear un país, donde sea que estemos.

¡Bienvenida sea la incertidumbre y afuera los miedos! Por cierto, hay días que también siento que tener miedo ya es cosa del pasado.

56

Cuando la energía nos mueva, lo mejor es dejarse llevar

La energía que nos mueve es sabia. ¡Cómo no serlo! Si es la energía más pura y sublime a la que podemos acceder. Es esa fuerza que nos ha creado, nos sostiene y puede reconocer cuando es el momento de moverse. Por eso, tanto con las ideas como con las situaciones, lo mejor es fluir.

Y esa energía siempre hará su trabajo aún cuando nos resistamos con la estructura más firme que hayamos construido. Puede demorar, pero siempre hace su trabajo. Y para facilitar su trabajo y fluir con ella, lo mejor es evitar las resistencias y dejarnos llevar. Porque si nos resistimos, nos llevará por delante. Pero nunca la podremos evitar.

Cuando sabe que ya no correspondemos a un lugar, nos mueve. A veces nos está diciendo que seremos más útiles en otro lado; otras, que podemos aprender más suavemente la misma lección en otro lugar. O puede que en otro lado encontremos otra energía parecida que sume y haga más fácil el camino. O quizás no sabremos nunca por qué. Pero cuando la energía nos mueva, lo mejor es dejarse llevar.

57

Lo que aprendí en Estambul

En Estambul aprendí a negociar. Caminando por el Gran Bazar, esas interminables calles techadas que albergan a miles de vendedores para ofrecer desde joyas a condimentos. Pero, a diferencia de los comercios de occidente, nada tiene un precio determinado, sino el que uno pueda negociar. Al final, terminamos pagando el precio que hemos aceptado. Es decir, no hay lugar a quejas. Ni caro, ni barato. Lo justo, según nuestro punto de vista.

Así, como en aquel gran mercado, me siento andando por la vida. Tengo muchas opciones, entre situaciones, personas y experiencias. Cuando captan mi interés, me detengo, lo elijo y termino "pagándolo al precio que acepto". Para eso, en la vida, todos llevamos una máquina etiquetadora: los juicios.

Vamos por la vida como si camináramos por un gran mercado y a cada cosa le ponemos su precio. Si le cuelgo el cartelito de inútil, así será. Y así con el de ingrato, amable, fiel e infiel, bueno y malo. Cada uno poniéndole diferentes precios a las mismas cosas.

Aquello que en mi vida le puse el precio de difícil, ése fue el precio que tuve que pagar. Y si le puse el cartelito de fácil, ese fue el costo.

Y lo terrible no es lo caro que pagamos algunas experiencias, sino que no usemos el poder que todos tenemos de cambiar ese cartelito, dejando de enjuiciar de la manera que lo hacemos.

Entonces, me enojo con la sociedad, con la cultura, con la familia, y con todos los que le colgaron el cartelito con el precio que hoy me niego a pagar. Si bien es cierto que hemos recibido "mucha mercancía" con el precio puesto, somos libres de cambiarlo cuando queramos, cambiando nuestro juicio.

Cuando algo o alguien nos desagraden, antes de invitar a que esa persona o la situación cambien, antes miremos el cartelito que le hemos colgado y entenderemos por qué estamos pagando esa experiencia tan cara.

Y ya sabemos cómo bajarle el precio.

58

Imaginarlo para sentirlo, sentirlo para vivirlo

Todos tenemos imaginación. Hay quienes son más imaginativos que otros, pero la diferencia no está en la capacidad de hacerlo, sino en la capacidad de crear lo que imaginamos.

En definitiva, no se destaca en el mundo el que imagina más o mejor, sino el que puede manifestar en su realidad aquello que se ha imaginado. Si no, será un simple soñador, de gran creatividad mental, pero nada más que eso. **El verdadero poder de la imaginación, entonces, está en poder usarla como herramienta para crear, transformar, diseñar nuestra vida de manera extraordinaria. Pensarlo para crearlo.**

En ese proceso, la imaginación no se reduce solamente a lo que podemos imaginar, sino también lo que podemos sentir con eso que pensamos. De hecho, el combustible que hace que la energía comience a moverse hasta crear la experiencia como la imaginamos, no es tanto del pensamiento como de la emoción. Si el pensamiento es el automóvil, el combustible es la emoción. Y sin combustible, no hay auto que arranque.

Cada vez que tengamos un nuevo pensamiento, agreguémosle toda la pasión nos despierte. Pongamos especial atención en ella. El poder generador de una emoción tan poderosa como la pasión nos hace saltar a dar el primer paso aún cuando no sabemos que hacer. Es un resorte energético que nos impulsa dejando atrás cualquier temor.

¿Cómo activarla? Quizás sea necesario que cerremos los ojos para sentirnos que efectivamente estamos caminando ese lugar, hablando con esas personas, viviendo en ese momento, aún cuando racionalmente entendamos que no estamos físicamente allí. Pero si logramos vivirlo con ese nivel de certeza, las emociones florecerán para ponerle más sabores a esa escena. Y la suma de esos pensamiento sumando a la potencia de esas emociones no demorarán en atraer las circunstancias, las personas y los recursos para pasar del sueño a la realidad.

Imaginarlo para sentirlo, sentirlo para vivirlo. Y vivirlo, para disfrutarlo.

59

Todos necesitamos un invierno

Todos tenemos nuestro invierno. O, al menos, deberías tenerlo.

Esto fue lo que le dije a una amiga que vive en el Caribe cuando le contaba cómo me sentía con las heladas temperaturas de Nueva York.

Pero, si bien la conversación comenzó por la estación, de inmediato derivó en un sentido más profundo. El invierno es la época donde los días se hacen más cortos, las noches más largas, y donde el frío nos invita a quedarnos en casa. Es ése el entorno que nos lleva, casi sin opciones, a tener un encuentro con nosotros mismos.

Nos distraemos menos en el afuera para poder, en quietud, mirarnos a nosotros mismos. Por ejemplo, veo claramente como las vivencias de los Spiritual Boot Camp de Nueva York, cambian entre el mes de junio y el mes de noviembre.

La analogía de las cuatro estaciones, es una manera muy clara de evidenciar los ciclos por los que debemos transitar, si queremos, sentirnos completos. **Es necesario tener un tiempo para mirar adentro, y otro de salir para vivirlo afue-**

ra, hasta reconocer nuestro otoño, el momento en que debemos soltar y regresar.

No es necesario que busquemos el frio si vivimos alejados de él, pero reconozco que las bajas temperaturas ayudan a volver a nosotros mismos. La sugerencia es que sin importar el lugar donde vivamos, no evitemos, tener nuestro invierno. O, cuando llegue, no evitemos experimentarlo. Porque en su momento, llegará.

Las relaciones, nuestros trabajos y hasta nuestra personalidad tienen su invierno. El verano es más fácil porque los seres humanos nos hemos habituado a vivir en el afuera, en las otras personas, en las metas, o en el entretenimiento. Por eso, nos falta un poquito de invierno para compensarlo.

Que nunca terminemos un año sin antes haber pasado nuestro invierno. Porque todos nuestros tiempos personales, también tienen sus cuatro estaciones.

60

La regla de oro

Los espacios que habitamos están cada vez más necesitados de compasión. En nuestros hogares, en los trabajos, y hasta en los encuentros casuales en la calle. Esta es una tarea que nos toca a todos, pero que comienza a ocurrir en la medida en que cada uno la asuma, y la practique. Un mundo más compasivo nacerá de mi propio compromiso en serlo, en cada encuentro y con cada persona.

Ser compasivos implica reconocer el dolor ajeno, para respetarlo, y para encontrar una manera de ofrecer alivio. El alivio que pueda, pero sin que me tiente a sumar más dolor al que esa persona ya está viviendo.

Una mirada compasiva se compromete a ver, por encima del dolor del otro, lo que realmente le está produciendo su malestar. Algo, que quizás esa persona no puede hacer por sí misma. Lo hacemos, no para buscarle una solución, sino para ofrecerle consuelo. Una mirada comprensiva, un abrazo sincero o lo que sintamos respetuoso para esa persona, en ese momento.

Confío en que la simpleza nos permite tomar acciones posibles. Por eso, aplico esta regla que pone en tierra un propósito tan espiritual: **"Haz por el otro lo que quisieras que hagan contigo"**, o no hacer por los otros lo que no nos gustarían que nos hicieran.

Cuando nos gritan, solemos gritar. Ante la negatividad de otros, sacamos inmediatamente la nuestra. Ante el dolor del otro, sumamos nuestro dolor. Y así, vamos agregando más de lo que ya le sobra al mundo.

¿Qué necesitaría yo en ese momento? Esa respuesta no nos llevará exactamente a hacer lo ideal por el otro, pero nos dejará lo más cerca posible para poder aliviarlo. ¿Qué es lo que no me gustaría que ocurriera? Respondiéndonos sabremos lo que no será útil hacer. O puede que simplemente le preguntemos ¿Qué necesitas?

Hagamos lo que podamos hacer. Lo que mejor nos salga. Pero hagamos algo que sume alivio a la otra persona, y paz a nuestros corazones.

61

Paso a paso

A veces, no es que no sepamos hacer algo. Pero no concluimos, o quizás ni siquiera lo comenzamos, porque esperamos hacerlo de golpe, todo junto, de la manera que debíamos, como nos habían dicho o como imaginábamos que se hacía. Lo cierto es que para concluir algo hay que ponerse en marcha. **Y para ponerse en marcha, hay que dar el primer paso, sin necesidad de saber mucho más que dónde dar esa primera pisada. Y generalmente es... hacia adelante.**

Esto aplica a todo proyecto, incluso en nuestro trabajo personal. Tratamos de ser amorosos cuando no estamos tan listos para serlo, o muy positivos cuando aún estamos enredados en pensamientos de terror.

Salirnos de ese ideal y ser honestos con lo que podemos hacer en este momento, no solo es suficiente, sino que en mi experiencia, ha sido lo más efectivo y único posible.

Preguntarme por ejemplo ¿cuál sería es la mejor manera en que puedo tratar a esta persona?, me saca del intento de ser amable cuando mi ego no hace más que buscar razones para llevarme a ser menos tolerante. O ¿cuál sería la mejor manera que tengo para abordar ésta situación?, me puede mover de un momento de negatividad a otro mejor, pero sin cruzarme al lado del optimismo de un solo salto.

Por eso, cuando queramos llegar a la meta, recordemos que primero hay que comenzar. Y para eso alcanza sólo con ponernos en marcha. Poco a poco. Paso a paso.

Lo que puedas, lo que sea más fácil en este momento. Pero demos el paso hacia delante. En marcha.

62

La variable de lo imprevisto

Las variables son factores que actúan como imprevistos dentro de lo esperado en determinada circunstancia. El clima, los alimentos, el cuerpo y los mercados tienen sus variables. Y la vida también.

De todas las variables, las de la vida son las que más nos asustan, no sólo porque están fuera de nuestro control, aún cuando insistamos en que podemos tener todo controlado, sino porque también están determinadas por la vida misma. Es decir, son misteriosas y muchas veces incomprensibles para nuestra manera humana de pensar. El cómo y el cuándo se presentan éstas variables, forma parte de su misterio. Pero, si vamos atentos por la vida, podremos ir descubriéndolas tan pronto éstas aparezcan, para que no nos tomen por sorpresa, ni por la puerta de atrás.

He visto claramente que lo imprevisto es una de las variables más potentes de estos tiempos. Siempre fue una variable de la vida, y aunque algo inconstante, nos permitió mirar hacia adelante y anticipar de alguna manera cómo podría ser nuestra vida, o al menos, nuestro próximo año.

Pero en estos tiempos, cada día me levanto considerando que la variable de lo imprevisto está más activa que antes. Que no puedo especular sobre lo que sucederá, lo que haré, ni cómo haré lo que sigue. Y es que no sé lo que sigue....! Sin embargo, entiendo que **la mejor forma de no aturdirme ante tanta incertidumbre, es poner más atención en lo que estoy haciendo y disfrutar del proceso, lo mejor posible, en ese momento.**

Finalmente, podremos ver que las variables son una manera didáctica que tiene la vida para asegurarse que seguimos evolucionando. En el caso de lo imprevisto, lejos de ser una amenaza, nos lleva a lograr lo que muchos libros y técnicas no habían logrado: que viviéramos más atentos al presente.

63

Sigue hacia donde la alegría te lleve

Si tuviera que resumir todas las enseñanzas que de una u otra manera nos invitan a vivir más conscientes de nuestra espiritualidad, la resumiría en la siguiente frase: **"Sigue hacia donde la alegría te lleve"**.

Sí, la alegría es una de las características del amor más fáciles de identificar para los seres humanos. Cuando siento alegría en lo que hago, eso que hago me hace bien. Y lo que hago con alegría para otros, les hace bien a ellos y me hace bien a mí. **Cuando la alegría es la que define mis "sí" y mis "no" con el mundo, tengo garantizada la paz interior y equilibrio en mi vida.**

A veces, amar se nos hace cuesta arriba, quizás por la sobrevaloración humana que le hemos puesto tanto al amor y las historias de sacrificio que hemos escrito, y creído, en torno a él.

Pero podemos entrar al mismo lugar por una puerta que se siente más fácil: la de la alegría.

No la negociemos. Está en juego nuestra divinidad. Y... ¿quién quiere perderse la experiencia de vivir con su máximo potencial?

La Vida en 5 minutos

Es Tiempo de Inspirarte

Reflexiones
para encontrar
paz interior

ÍNDICE

ÍNDICE

Para conocer más del autor, visite:
www.juliobevione.com

Comparta con él en Facebook: Julio Bevione
y en Twitter: @juliobevione

36018204R00084

Made in the USA
Lexington, KY
04 October 2014